1日⑤分！教室で使える

漢字コグトレ

小学 5 年生

児童精神科医・医学博士
宮口幸治
［著］

東洋館出版社

はじめに

■ 認知機能へのアプローチが必要な理由

　本書は、各学年で習得すべき漢字を利用して学習の土台となる認知機能を高めるトレーニングを行うことで、**漢字力と認知機能の両方を同時に向上させる**ことを目的としています。

　認知機能とは、記憶、知覚、注意、言語理解、判断・推論といった幾つかの要素が含まれた知的機能を指します。例えば授業中に先生が口頭で次のような問題を出したとします。

　「Aさんはアメを10個もっていました。4個あげると、Aさんはアメを何個もっているでしょうか？」

　まず先生の話に**注意**を向ける必要があります。ノートにお絵描きをしていては問題が出されたこと自体に気がつきません。そして先生に注意を向けたとしても、先生の話したことをしっかり聞きとって**知覚**し、個数を忘れないように**記憶**しなければいけません。

　また、先生の話した問題の**言語理解**も必要です。次に、ここから問題を考えていくわけですが、暗算するためには他に考え事などせず注意・集中する必要があります。好きなゲームのことを考えていては暗算ができません。最後に大切なのが、上記の問題では次の2通りの解釈ができます。

　「Aさんはだれかにアメを4個あげたのか？」
　「Aさんはだれかからアメを4個もらったのか？」

　ですので、ここで先生はどちらを意図しているのか**判断・推論**する必要があります。

　以上から先生が口頭で出した問題を解くためには認知機能のすべての力が必要なのです。もし、その中の一つでも弱さがあれば問題を解くことができないのです。認知機能は学習に必須の働きであり**学習につまずきを抱える子どもは認知機能の働きのどこかに、または複数に弱さをもっている**のです。

　認知機能は学習面だけでなく、人に興味を向ける、人の気持ちを考える、人と会話をするなどのコミュニケーション力や、自分で考えて行動する、さまざまな困った問題に対処するなどの問題解決力といった子どもの学校生活にとって必要な力でもあり、**認知機能の弱さは、対人スキルの乏しさにもつながる**のです。

　　認知機能の弱さ　≒　学習のつまずき、対人スキルの乏しさ

　しかし現在の学校教育では学科教育が主で、その土台となっている認知機能へのアプローチがほとんどなされていないのが現状です。そこでは多くの子どもたちが困っていました。それに対処すべく開発されたのが認知機能向上トレーニングである**コグトレ**なのです。この「漢字コグトレ」はこれらコグトレ理論に基づき、漢字力を高めながら同時に学習で困らないための認知機能を高めるように構成されております。

　なお、本書は学習に必要な認知機能を高めていくことを一番の目的としています。そのため漢字の習得自体が不安な場合は先に通常の漢字練習を行ってから本書をご使用されるとより効果的と思われます。もちろん漢字練習が苦手なお子様が先に本書を使って漢字に慣れたり、漢字への抵抗感を減らしたりすることも可能ですし、漢字練習だけでは物足りないお子様にも十分な手応えがあるでしょう。本書をお使いになることで、困っているお子様はもちろんのこと、さらに学力の向上を望んでおられるお子様にお役に立てることを願っております。

立命館大学教授　児童精神科医・医学博士　宮口幸治

１日５分！
教室で使える漢字コグトレ　小学５年生

はじめに ………………………………………………………………… 1

漢字コグトレとは？　　4

ワークシートの使用方法 ……………………………………… 5

ワークシートの使用例 ………………………………………… 8

ワークシート一覧 ……………………………………………… 10

❶ 覚える　13

最初とポン ……………………………………………………… 14

最後とポン ……………………………………………………… 22

正しいのはどっち？ …………………………………………… 28

❷ 数える　33

漢字数え ………………………………………………………… 34

漢字算 …………………………………………………………… 48

漢字つなぎ ……………………………………………………… 62

❸ 写　す　73

点つなぎ ………………………………………………………… 74

くるくる漢字 …………………………………………………… 84

鏡・水面漢字 …………………………………………………… 94

目　次

④ 見つける　105

漢字さがし	106
かさなり漢字	116
違いはどこ？	134
同じ絵はどれ？	140
回転漢字	146

⑤ 想像する　157

スタンプ漢字	158
心で回転	168
順位決定戦	178
物語づくり	188

解答編　198

著者略歴	210

漢字コグトレとは？

　これまで、コグトレは主に認知機能の弱さがあり学習でつまずきをもつ子どもたちに使われてきました。

　しかし学校では脳トレに似ている感もあって学習の一環として取り組ませにくく、トレーニングのための時間がせいぜい朝の会の1日5分しか取れない、個別に課題をやらせるしかない、といった声を多数いただいてきました。

　そこで授業科目（特に国語）の中で学習教材の一つとしてクラス全体で使えるように考えだされたのがこの漢字を使用した漢字コグトレなのです。

■ どのようなトレーニングか？

　漢字の習得はとても大切です。しかし現在の主な漢字ドリルは漢字の習得だけを目的としているため、時間をかけているにもかかわらず得られるのは漢字の知識だけと、決して効率がよいとは言えません。そこで漢字の練習をしながら、かつはじめに述べた学習に欠かせない認知機能もトレーニングしていくことで、漢字力の向上は当然のこと、認知機能も同時に向上させることができるようにつくられています。

■ 具体的には？

　認知機能（記憶、知覚、注意、言語理解、判断・推論）に対応した「覚える」「数える」「写す」「見つける」「想像する」といった5つのワークから構成され、小学5年生用では合計152課題からなります。

　ワークは認知機能だけを直接的にトレーニングするためのテキスト「コグトレ　みる・きく・想像するための認知機能強化トレーニング」（三輪書店）をもとに、図形を漢字に置き換えるなど漢字に特化して再構成されています。分かりやすい図形の代わりに複雑な形態である漢字を使い、また平仮名でもよかった解答を漢字で書かせるなど、難易度が高い課題もありますので、学習の進んでいるお子さんや高齢者の方でも十分にやりがいのあるワークとなっています。

　一方、本書が難しいお子さんには「コグトレ　みる・きく・想像するための認知機能強化トレーニング」「やさしいコグトレ　認知機能強化トレーニング」（いずれも三輪書店）も併用することをおすすめします。

ワークシートの使用方法

　本トレーニングは「覚える」「数える」「写す」「見つける」「想像する」の5つのワークから構成されています（全152課題：ワークシート一覧表）。

　本書にすべて取り組むと、5年生で習得すべき全漢字（193字）を平均で3〜4回ずつ確認練習できるよう配置されています。課題は次の3つのタイプからなります。

　①漢字が未習得でも取り組むことができる課題（表の○）
　②漢字でなく平仮名やカタカナで書いても効果のある課題（表の△）
　③漢字を習得しないと困難な課題（表の◎）

　①は、いつ始めても問題ありません。

　②は、本来は漢字を習得してから取り組む問題ですが、未習得でも認知機能トレーニングとして効果が期待される課題です。漢字習得後にも繰り返して実施すると一層の効果が期待されます。

　③は漢字の習得そのものが必要な課題ですので学年の最後に実施した方がいいでしょう。

　なお、このトレーニングは「コグトレ　みる、きく、想像するための認知機能強化トレーニング」（三輪書店）をベースにつくられていますので、漢字以前に認知機能のトレーニングにもっと時間をかけて行いたい場合はそちらも並行してお使い下さい。

　以下、5つのワークについて主に認知機能面から概要をご説明します。いずれも漢字のトレーニングを兼ねていることは言うまでもありません。

■ ①覚える

　授業中の先生の話、人の話を注意・集中してしっかり聞いて覚える力を養っていきます。

最初とポン

　出題者が3つの文章を読み上げ、子どもがそれぞれ最初の言葉だけ覚えます。ただし、文章中に動物の名前が出たときには手を叩いてもらいます。そして覚えた言葉を漢字に直してノートやプリントに書きます。手を叩くという干渉課題を入れることで、より集中し聞いて覚える必要が生じます。これにより聴覚ワーキングメモリをトレーニングします。

最後とポン

　一連の3セットの単語を読み上げ、最後の単語だけを記憶します。ここでは、色の名前が出たときにだけ手を叩いてもらいます。そして覚えた単語を漢字に直して解答用紙に書きます。

ワークシートの使用方法　　5

正しいのはどっち？

「多い・少ない」などの比較や、文脈から判断する二者択一問題を読み上げ、正しいのはどちらかを考えさせる課題です。そして答えを漢字で解答用紙に書きます。選択肢を覚えておきながら文章を聞き取り考える力をつけていきます。

②数える

数感覚や注意・集中力、早く処理する力、計画力を養っていきます。

漢字数え

ある決まった漢字の数を数えながら漢字にチェックをします。注意深く正確に数えることで集中力や自分で時間管理をすることで自己管理力をつけます。

漢字算

一桁＋一桁の足し算の計算問題とセットになった文章があります。その中にある言葉を漢字に直し、計算の答えと一緒に記憶し、計算の回答欄に対応する漢字を書きます。短期記憶の力や転記ミスを減らす力を養います。

さがし熟語

たて、よこ、ななめで隣り合った2つの漢字の中で、2字熟語になるものを〇で囲み解答欄に書きます。答えを効率よく探すことで、ものを数える際に必要な処理するスピード、計画力を向上させます。二字熟語の知識が必要なので各学年の最後にした方がいいでしょう。

③写す

漢字の基礎ともなる形を正確に認識する力を養います。

点つなぎ

見本の漢字を見ながら、下の枠に直線を追加して見本の漢字と同じになるように完成させます。基本的な図形の認識や漢字を覚えるための基礎的な力を養います。

くるくる漢字

上にある回転した漢字を見ながら、下に正しい方向に直して写します。点つなぎと異なるのは、下の枠が左右に少しずつ回転しているところです。角度が変わっても同じ形であることを認識する力、位置関係を考えながら写す論理的思考、心的回転の力を養います。

鏡・水面漢字

鏡と水面に逆向きに映った漢字を見て、正しい漢字に書き直してもらいます。鏡像や水面像を理解する力、位置関係を理解する力、想像しながら正確に写す力を養います。

④見つける

視覚情報を整理する力を養います。

漢字さがし

不規則に並んだ点群の中から提示された漢字を構成する配列を探して線で結びます。黒板を写したりする際に必要な形の恒常性の力を養います。

かさなり漢字

　提示された漢字をつくるのに使われない部品を複数の中から一つ選びます。あるまとまった形の中から一部の形を抽出していくことで、形の構成を理解する力など図形思考を養います。

違いはどこ？

　2枚の絵の違いを見つけていきます。2枚の絵の違いを考えることで、視覚情報の共通点や相違点を把握する力や観察力を養います。

同じ絵はどれ？

　複数の絵の中からまったく同じ絵を2枚見つけます。複数の絵の中から2枚の同じ絵を効率よく見つけ出すことで、全体を見ながら視覚情報の共通点や相違点を把握する力や観察力、計画力を養います。

回転漢字

　左右にバラバラに回転して並べられた漢字の部品を線でつないで正しい漢字を作り書きます。形を心の中で回転させ、正しい組み合わせを見つけていくことで図形の方向弁別や方向の類同視の力を養っていきます。

⑤想像する

　見えないものを想像する力を養います。

スタンプ漢字

　提示されたスタンプを紙に押したとき、どのような模様になるかを想像します。ある視覚情報から他の情報を想像するというトレーニングを通して、見えないものを想像する力や論理性を養います。

心で回転

　自分から見える机の上に置かれた漢字は、周りからはどう見えるかを想像します。対象物を違った方向から見たらどう見えるかを想像することで心的回転の力や相手の立場になって考える力を養います。

順位決定戦

　いくつかの熟語がかけっこをしています。複数の表彰台の順位から判断して熟語たちの総合順位を考えていきます。複数の関係性を比較して記憶し、理解する力を養います。

物語づくり

　提示された単語を使って自由に短い物語をつくってもらいます。出来たらその物語にタイトルをつけます。単語といった断片的な情報から全体を想像する力やストーリーを想像しながら文章を作成する力を養います。

ワークシートの使用方法　**7**

ワークシートの使用例

　トレーニングは5つのワーク（覚える、数える、写す、見つける、想像する）からなります。1回5分、週5日間行えば32週間（1学期12週、2学期12週、3学期8週）ですべて終了できるようつくられています。

　このスケジュールに沿った進め方のモデルを紹介します。時間に制限があれば、5つのワークをどれか組み合わせて実施するなど適宜ご調整ください。以下の①〜⑤の5つのトレーニングを合わせると合計152回あります。

□ ①覚える

　（1回/週×32週間＝32回）

　週1回、「最初とポン（12回）」、「最後とポン（12回）」の順で実施し、終了すれば「正しいのはどっち？（8回）」を実施します。

□ ②数える

　（1回/週×32週間＝32回）

　週1回「漢字数え（12回）」「漢字算（12回）」「さがし熟語（8回）」の順で実施します。

□ ③写す

　（1回/週×24週間＝24回）

　週1回「点つなぎ（8回）」「くるくる漢字（8回）」「鏡・水面漢字（8回）」の順で実施します。ここだけ24週のみです。

□ ④見つける

　（1回/週×32週間＝32回）

　週1回「漢字さがし（8回）」「かさなり漢字（8回）」「違いはどこ？（4回）」「同じ絵はどれ？（4回）」「回転漢字（8回）」の順で実施します。

□ ⑤想像する

　（1回/週×32週間＝32回）

　週1回「スタンプ漢字（8回）」「心で回転（8回）」「順位決定戦（8回）」「物語づくり（8回）」の順で実施します。

以下に、本トレーニングの具体的なモデル使用例を示しておりますのでご参考ください。

☐ モデル使用例1：（朝の会の1日5分を使うケース）

ある1週間について、以下のように進めていきます。例えば、

　　　月曜日：「覚える」の「最初とポン」を5分

　　　火曜日：「数える」の「漢字数え」を5分

　　　水曜日：「写す」の「点つなぎ」を5分

　　　木曜日：「見つける」の「漢字さがし」を5分

　　　金曜日：「想像する」の「スタンプ漢字」を5分

で実施すれば1年間（週5日、32週）ですべての課題が終了します。「覚える」は漢字が未習得であれば平仮名やカタカナで書いて問題ありません。

☐ モデル使用例2：（週1回だけ朝の会で行い、あとは宿題とするケース）

「覚える」だけ週1回、朝の会などで実施し（計32週）、残りは学校での宿題プリントの裏面に印刷して実施（120枚）します。

週に4枚取り組むと30週で終了します。「覚える」は漢字が未習得でも平仮名やカタカナで書いて問題ありません。

☐ モデル使用例3：（国語の授業で漢字の練習として使うケース）

漢字習得の確認テストの一環として国語の授業中に実施します。

合計152回ありますので、週に5コマの国語の授業中に1回5分ずつ実施すれば31週で終了します。

☐ モデル使用例4：（保護者と一緒に自宅で使うケース）

ご家庭で、「覚える」の課題のみ読み上げ、残りのワーク（漢字が未習得でも取り組むことができる課題（表の〇）から始めます）は印刷してお子さん自身でやってもらいましょう。

答え合わせは一緒にみて確認してあげましょう。間違っていれば、間違っていることだけを伝えどこが間違えているのかを考えてもらうとより効果的です。「覚える」は漢字が未習得でも平仮名やカタカナで書いて問題ありません。

ワークシート一覧

小学校5年生　漢字配当：193字

5つのトレーニング	小項目	課題のタイプ	ワーク番号	ワークシート数
覚える	最初とポン	△	1〜12	12
	最後とポン	△	1〜12	12
	正しいのはどっち？	△	1〜8	8
数える	漢字数え	○	1〜12	12
	漢字算	△	1〜12	12
	さがし熟語	◎	1〜8	8
写す	点つなぎ	○	1〜8	8
	くるくる漢字	○	1〜8	8
	鏡・水面漢字	○	1〜8	8
見つける	漢字さがし	○	1〜8	8
	かさなり漢字	○	1〜8	8
	違いはどこ？	○	1〜4	4
	同じ絵はどれ？	○	1〜4	4
	回転漢字	◎	1〜8	8
想像する	スタンプ漢字	○	1〜8	8
	心で回転	○	1〜8	8
	順位決定戦	△	1〜8	8
	物語づくり	△	1〜8	8

課題のタイプ：○：未習得でも可能な課題、△：平仮名、カタカナでも効果あり、◎：習得しないと困難

頻度（回／週）	期間（週）	施行学期	備　考
1	32	1	最初の漢字を覚えて書く（3 文条件）
1		2	最後の漢字を覚えて書く（3 セット条件）
1		3	問題文を聞き、答えを漢字で書く
1	32	1、2	ある漢字だけを数える
1		2	計算の答えを漢字に置き換える
1		3	二字熟語を探す
1	24	1	点をつないで上の漢字を下に写す
1		1、2	回転した漢字を下に写す
1		2	鏡・水面に映った漢字を正しく写す
1	32	1	点群の中から漢字を見つける
1		1、2	漢字を構成する部品を見つける
1		2	2 枚の絵から違いを見つける
1		2	複数の絵から同じ絵を 2 枚見つける
1		3	回転させた漢字の部品から漢字を見つける
1	32	1	スタンプ面から正しい漢字を想像する
1		1、2	相手側から見た漢字を想像する
1		2	正しい順位を想像して熟語で書く
1		3	漢字を使って物語を想像する

11

❶ 覚える

❶ 覚える

最初とポン、最後とポン、正しいのはどっち？

●子どもにつけて欲しい力

授業中の先生の話、人の話を注意・集中してしっかり聞く力をつけます。

●進め方

1回につき最初とポン、最後とポンの順で3題ずつ進めていきます（計24回分）。最後に正しいのはどっち？を2題ずつ進めていきます（計8回分）。

最初とポン：短い文章を3つ読みます。そのうち、それぞれの文章の最初の単語だけを覚え、ノートやプリントに漢字で書いてもらいます。ただし、文章の途中で動物の名前（右の例の下線）が出たときは手を叩いてもらいます。答えは右の例の太文字の漢字です。

最後とポン：一連の単語を3セットずつ読みあげます。それぞれのセットの最後の単語を覚え、ノートやプリントに漢字で書いてもらいます。ただし、途中で色の名前が出たときは手を叩いてもらいます。答えは右の例の太文字の漢字です。

正しいのはどっち？：問題を読み上げ、質問について考えてもらい答えの漢字をノートやプリントに書かせます。

●ポイント

・まだ漢字が書けなければ平仮名やカタカナで書いても問題ありません。
・手を叩く代わりに目を閉じて手を挙げてもらうのもいいでしょう。
・文章や漢字セットを読み上げるときは「1つ目」「2つ目」と言ってあげましょう。
・「最後とポン」ではどこで終わるかは教えませんので特に集中して聞いてもらいましょう。
・「正しいのはどっち？」では子どものレベルに応じて何度か読んであげるなど、調整しましょう。

●留意点

「最初とポン」「最後とポン」は難しければ2つずつに減らすなど調整してもいいでしょう。「正しいのはどっち？」は答えを示しても分かりにくければ黒板に図示するなどして説明してあげましょう。

| 取り組み時間：5分 | 回数　計32回分 |

例

最初とポン ❶　動物の名前が出たら手を叩きます

1
幹にカブトムシがいる木があります。
桜が春になると咲いてウサギさんがみにきます。
綿毛がイヌの周りを飛んでいきました。

2
校舎のうらにトリさんがゴミを持っていきました。
可燃ゴミは一つにまとめてコアラさんが集めています。
燃えないゴミをネコさんが分別しています。

3
救助を待っているペンギンが屋根の上にいます。
災害から身を守るためにアザラシは水を準備しておきました。
非常持ち出しバックの中にイヌくんはクッキーをたくさん入れています。

最後とポン ❶　色の名前が出たら手を叩きます

1
検査、青、黒、**移動**
緑、準備、**衛生管理**
条件、**利益**

2
黄色、肥料、**液体**
快適、赤、常に、**往復**
貿易、黒、**仮に**

3
保険、青、能力、**価値**
復習、**河川**
白、囲い、**金額**

正しいのはどっち？ ❶

1
バスがバス停にゆっくりと近づいてきました。バス停では人がたくさん待っています。運転手さんはバスを進めるでしょうか？停めるでしょうか？
（答え　停める）

2
ブタさんが消しゴムを忘れて困っています。となりの席のトラさんが消しゴムを筆箱から出してブタさんに渡しました。トラさんは消しゴムを貸しているでしょうか？借りているでしょうか？
（答え　貸している）

---

❶　覚える　15

最初とポン ❶ 動物の名前が出たら手を叩きます

1
幹にカブトムシがいる木があります。
桜が春になると咲いてウサギさんがみにきます。
綿毛がイヌの周りを飛んでいきました。

2
校舎のうらにトリさんがゴミを持っていきました。
可燃ゴミは一つにまとめてコアラさんが集めています。
燃えないゴミをネコさんが分別しています。

3
救助を待っているペンギンが屋根の上にいます。
災害から身を守るためにアザラシは水を準備しておきました。
非常持ち出しバックの中にイヌくんはクッキーをたくさん入れています。

最初とポン ❷ 動物の名前が出たら手を叩きます

1
医師はチーターの足が折れていると言いました。
支える板をネズミさんが作ってくれました。
証明書をゴリラ先生に書いてもらいました。

2
眼科にネコさんがいます。
検査を先にハリネズミさんが行っています。
測定した結果を見てアヒル先生が目薬をくれました。

3
現在のクマさんは体がとても大きいです。
過去の写真を見ると子ブタほどの小さい体でした。
増えた体重の原因はハチからもらったミツを食べたからでした。

最初とポン ❸   動物の名前が出たら手を叩きます

1
質問をするためヤギさんは手を挙げました。
解説をクジャクさんがしてくれました。
賛成したゾウが耳をパタパタと動かしています。

2
輸入してはいけないものをウサギさんは見つける仕事をしています。
粉をキリンさんが見つけました。
禁止されているものだったのでキツネさんが取りしまりました。

3
余ったおかしを食べたヤマアラシさんはおなかが痛そうです。
状態を正すためにヤギ先生が叱りました。
効果がでてきたのでネコさんと一緒に遊びました。

最初とポン ❹   動物の名前が出たら手を叩きます

1
朝刊を取りにタヌキさんは外へ出ました。
経済のページにキツネさんの話がのっていました。
夢をかなえたフクロウさんの記事ものっていました。

2
耕した畑にチンパンジーがきます。
囲いをトラさんに作ってもらいました。
枝を使ってサルは上手に野菜を食べました。

3
清潔な部屋にインコがいます。
飼いネコは部屋で寝ています。
布の中からハムスターも出てきました。

17

最初とポン❺　動物の名前が出たら手を叩きます

1
永久にクジラが泳げるように大きい池をつくりました。
減ったように見えたコイは池の深いところで泳いでいました。
酸素をすうためにメダカは時々顔をあげています。

2
県境の森にはイノシシがいます。
殺してはいけないクマの種類が書かれています。
制限されたことでツキノワグマの数は保たれています。

3
妻はヘビと出会いました。
接近しないようにイヌと一緒に止まっています。
毒をもっているコブラとは違ったもようでした。

最初とポン❻　動物の名前が出たら手を叩きます

1
個人で動物園にコアラを見に行きました。
団体で動物園に行くとパンダを並ばずに見ることができます。
快適そうにカピバラが寝ていました。

2
墓にクモの巣ができています。
常にチョウチョウなどが引っかかっています。
慣れたようにアリクイが助けてあげました。

3
演技の上手なキツネがいました。
招かれたネコは一番前に座っています。
芸術が好きなカワウソさんは3列目にいました。

最初とポン❼　動物の名前が出たら手を叩きます

1
能力の高いヤマネコが歩いています。
旧式のワナにはサルさえだまされません。
銅でできたワナにはリスが入っていました。

2
混ぜあわせたごはんをトイプードルが食べていました。
製品はイヌ用に作られていました。
素材の味がするので飼っていたチワワも完食しました。

3
絶対にカエルくんは約束を守ります。
破ってしまったのはキリンさんでした。
謝ったところシカさんは許してくれました。

最初とポン❽　動物の名前が出たら手を叩きます

1
液体の入っている箱を持ったイヌがいました。
再会した子イヌに水をあげました。
容器はカメさんが持っていきました。

2
営業しているラーメン屋さんはゴリラさんのお店です。
修行しているネコさんは味わいながら食べています。
基礎を学ぶためにサルさんに会いに行くことにしました。

3
危険な場所にコウモリがいます。
河口にはカニもたくさんかくれています。
調査をするためにリスさんは危険な場所へ向かいました。

最初とポン ❾　動物の名前が出たら手を叩きます

1
罪をつぐなうために<u>カメ</u>さんは正直に話をしています。
得られた事実と合うかどうか<u>ウグイス</u>さんはじっくり話を聞いています。
報道のテレビでは<u>チーター</u>さんが現場から伝えています。

2
成績の良い<u>ゾウ</u>が絵をかきます。
評価が下がってしまった<u>ヤギ</u>は怒っています。
暴れていたところを<u>トラ</u>さんが止めてくれました。

3
順序を決めることで<u>インコ</u>は行動をしています。
寄ってきた<u>ハクチョウ</u>にも気が付きません。
複数の<u>アヒル</u>が話しているところを見つめていました。

最初とポン ❿　動物の名前が出たら手を叩きます

1
限定のクッキーには<u>ペンギン</u>が描いてありました。
利益は<u>サイ</u>のエサ代に使われています。
似たお菓子の箱は<u>パンダ</u>が描かれています。

2
条件を出すと<u>サイ</u>さんは怒ってしまいました。
厚いカベの部屋に<u>ゴリラ</u>さんを連れていきました。
回復したか見るために<u>ヒツジ</u>さんが声をかけようとしています。

3
独りで旅をしていた<u>ライオン</u>さんがいました。
迷っていたところ<u>ネコ</u>さんが助けてくれました。
興味のあった<u>トラ</u>の研究所にやっとたどり着けました。

最初とポン ⓫　動物の名前が出たら手を叩きます

1
職員室にはイヌがいます。
許可を取ってネコも増やすことになりました。
授業が終わると子どもたちは子ネコの世話をします。

2
航空会社では、朝、ウグイスの声が流れます。
逆に夜にはスズムシの声が流れます。
業務が終わるとイヌが出口で見送ってくれます。

3
採れたフルーツをイノシシに食べられてしまいました。
肥料に使っているドングリはリスが食べていました。
祖先の人はカカシでサルから守っていました。

最初とポン ⓬　動物の名前が出たら手を叩きます

1
貸してもらっていたパンダは中国に帰っていきました。
留学したときに野生のカンガルーと出会いました。
占領していたオーストラリアからコアラがやってきました。

2
税金がかからない空でシカさんは指輪を買いました。
製造しているアヒルさんは3代目です。
資金を集めるためにガチョウさんにお願いをしました。

3
久しぶりにカメさんに出会いました。
住居はトラさんの家から遠い場所でした。
新築の家をサルさんに建ててもらいました。

21

最後とポン❶　色の名前が出たら手を叩きます

1
検査、青、黒、**移動**
緑、準備、**衛生管理**
条件、**利益**

2
黄色、肥料、**液体**
快適、赤、常に、**往復**
貿易、黒、**仮に**

3
保険、青、能力、**価値**
復習、**河川**
白、囲い、**金額**

最後とポン❷　色の名前が出たら手を叩きます

1
黄色、留学、銀、**増刊号**
喜ぶ、黄色、**慣れる**
赤、報道、**基本**

2
白、能力、**寄り道**
茶、**逆転**
旧式、黒、**住居**

3
効果、茶、**許す**
個数、興味、青、**境目**
金、減る、**平均**

最後とポン ❸　色の名前が出たら手を叩きます

1
過去、黒、**俳句**
技、赤、**故に**
規則、**保護**

2
茶、断る、緑、**耕す**
責任、白、**鉱山**
黄色、**混ぜる**

3
貯める、銀、**妻**
金、再生、**採用**
青、日本製、**実際**

最後とポン ❹　色の名前が出たら手を叩きます

1
責任、銀、**炭酸**
職人、**賛成する**
清潔、黄色、能力、**志す**

2
災害、黒、**漁師**
金、損する、**資料集**
銅像、**質量**

3
喜ぶ、赤、白、**校舎**
茶、博士、黒、**謝る**
任務、緑、減る、**授業**

23

最後とポン❺　色の名前が出たら手を叩きます

1
銅メダル、**修学旅行**
黄色、営業、白、**伝承**
圧力、黒、**感情**

2
赤、**勢力**
銀、演出、**精神力**
眼科、緑、**接近**

3
青、証明、**建設**
保険、金、**絶対**
罪、茶、応用、**元素**

最後とポン❻　色の名前が出たら手を叩きます

1
黒、**総合**
赤、状況、招く、**造船**
存在、緑、**法則**

2
金、検査、**測定**
経験、青、興味、**金属**
犬を飼う、白、**態度**

3
講座、**張り紙**
非常口、**提供**
黄色、貸す、**統一**

最後とポン ❼　色の名前が出たら手を叩きます

1
準備、赤、**導く**
肥料、白、**独身**
緑、**燃える**

2
黒、順序、**破る**
男性、**限定版**
犯人、金、**比べる**

3
複数、黄色、**評価**
留め金、銀、**貧しい**
青、黒、**布**

最後とポン ❽　色の名前が出たら手を叩きます

1
ジュラ紀、黄色、**主婦**
茶、告白、**武士**
青、**仏**

2
得意、赤、**弁当**
緑、**墓**
粉雪、白、**豊か**

3
赤、**夢**
程度、金、**迷う**
再生、青、**綿花**

25

最後とポン❾　色の名前が出たら手を叩きます

1
潔い、白、**輸入**
事件、**余る**
災い、銀、**内容**

2
赤、**略する**
原因、青、**領土**
緑、**救う**

3
構造、黄色、**星型**
芸術、**航空**
金、**殺す**

最後とポン❿　色の名前が出たら手を叩きます

1
成績、赤、**インド象**
確率、金、**堂々と**
黄色、保健室、**毒リンゴ**

2
白、歴史、**費用**
参加賞、青、**山脈**
銀、**歴史**

3
正義、黒、**団子**
圧力、**久しぶり**
快い、緑、**枝**

最後とポン⓫　色の名前が出たら手を叩きます

1
簡易、白、**示す**
黄色、**雑**
解決、銀、**桜**

2
茶、**増える**
建築、青、**停止**
確実、黒、**支える**

3
限り、赤、**銅**
金、損、**演じる**
液体、緑、**暴れる**

最後とポン⓬　色の名前が出たら手を叩きます

1
認識、銀、**永久**
税込み、**似顔絵**
白、貯める、**制度**

2
黄色、限る、**布を織る**
出現、赤、**厚い紙**
財布、**可能**

3
金、混ぜる、**政治**
職場、青、**防ぐ**
墓地、茶、**述べる**

正しいのはどっち？ ❶

1 バスがバス停にゆっくりと近づいてきました。バス停では人がたくさん待っています。運転手さんはバスを進めるでしょうか？停めるでしょうか？

（答え　停める）

2 ブタさんが消しゴムを忘れて困っています。となりの席のトラさんが消しゴムを筆箱から出してブタさんに渡しました。トラさんは消しゴムを貸しているでしょうか？借りているでしょうか？

（答え　貸している）

正しいのはどっち？ ❷

1 ボールを数える時は1個、2個、バットを数える時は1本2本です。野球ボールがいくつあるかを数える時は個数でしょうか？本数でしょうか？

（答え　個数）

2 ウシさんは怒っていて走りまわっています。犬さんは静かに餌を食べています。ウシさんは暴れているでしょうか？静かにしているでしょうか？

（答え　暴れている）

正しいのはどっち？ ❸

1 箱の中にリンゴが 10 個ありました。ネコさんはその箱からリンゴを 3 個買いました。そこで店の人が箱に 2 個リンゴを入れました。箱の中のリンゴは最初と比べて増えているでしょうか？減っているでしょうか？
（答え　減っている）

2 人は眼球を動かして物を追うことができます。また人は口を動かして物を食べることができます。人が鳥が飛んでいるのを見ているとき動いているのはどちらでしょうか？
（答え　眼球）

正しいのはどっち？ ❹

1 花子さんは勉強を頑張ったのでテストで 100 点を取ることができました。花子さんは喜んでいるでしょうか？怒っているでしょうか？
（答え　喜んでいる）

2 雨がたくさんふると川の水は増え、雨が降らないと減ります。大雨の中、ウサギさんは川の近くを歩いていました。川の水の量は増えているでしょうか？減っているでしょうか？
（答え　増えている）

29

正しいのはどっち？ ❺

1 イヌさんとサルさんとウサギさんでかけっこをしました。2位は銀メダルがもらえます。3位は銅メダルがもらえます。ウサギさんはイヌさんとサルさんに負けてしまいました。ウサギさんはどんなメダルをもらったでしょうか？

（答え　銅メダル）

2 仏教は仏様、キリスト教はイエス様にお祈りをします。日本の古いお寺に行った時にお祈りをすることが多いのはどちらでしょうか？

（答え　仏様）

正しいのはどっち？ ❻

1 そっくりの赤い服を着た花子さんと梅子さんが楽しそうに話していました。梅子さんのお母さんは梅子さんを探していましたが、２人の後姿を見てどちらが自分の娘か迷いました。服が似ていたからでしょうか？　楽しそうだったからでしょうか？

（答え　服が似ていたから）

2 花子さんの目の前に板と布がありました。花子さんは弟のために包丁で肉を切りお弁当をつくりました。そしてお弁当箱を何かで包みたいと思いました。花子さんが手を伸ばしたのは板でしょうか？　布でしょうか？

（答え　布）

正しいのはどっち？ ❼

1 たろう君は首輪をつけた犬と散歩をしています。たろう君はそのイヌを飼っているのでしょうか？　その犬に飼われているのでしょうか？

（答え　飼っている）

2 アフリカに住む子どもは働いてもごはんを食べられない時があります。アフリカの子どもの生活は日本の子どもの生活と比べると豊かでしょうか？貧しいでしょうか？

（答え　貧しい）

正しいのはどっち？ ❽

1 花子さんは怪獣の物語の本を読みながら寝てしまいました。朝起きると花子さんはたくさんの怪獣を一人でやっつけましたと言っていました。花子さんの話は夢だったのでしょうか？本当だったのでしょうか？

（答え　夢だった）

2 ジェイソンさんは厚く切ったパンが好きです。ジョンソンさんは冷たいアイスクリームが好きです。メアリーさんはジェイソンさんが大好きでした。ジェイソンとジョンソンさんがメアリーさんの家にお遊びにくるのでメアリーさんは食べ物を用意しました。メアリーさんが用意したのは厚いパンでしょうか？冷たいアイスクリームでしょうか？

（答え　厚いパン）

31

❷数える

❷ 数える

漢字数え

●子どもにつけて欲しい力
課題を速く処理する力、注意・集中力、自己を管理する力を養います。

●進め方
・まず「目標」タイムを書きます。スタートの合図で提示された漢字（右の例では「紀」）の数を数えながら、できるだけ早く「紀」に ✔ をつけてもらいます。数え終わったら、個数を右下の欄に記入し挙手させ、時間を伝えます。時間は「今回」の欄に時間を記入します。全員が終了したら正解数を伝えます。時間の上限は5分とします。
・漢字数えの後半「⑦～⑫」は、単に対象の漢字を数えるだけでなく、対象の漢字の左隣に色を表す漢字（例えば、赤、白など）があるときは数えず、✔ もつけてはいけない課題（ブレーキをかける練習）になっています。

●ポイント
・ここでは、処理するスピードを上げる以上に、課題に慎重に取り組む力をつけることを目的としています。漢字の数が間違っていたら、どこが間違っていたか確認させましょう。
・目標時間を設定し、その目標と比べ結果がどうであったかを確認することで、自己管理する力を養います。子どもが自分の能力に比べ早い目標時間や、遅い目標時間を立てた場合、終わった後に理由・感想を聞いてみましょう。

●留意点
・最初に全て漢字にチェックして後から数えるのではなく、漢字の数を数えながらチェックすることに注意しましょう。数を記憶しながら他の作業を行うことでワーキングメモリ（一時記憶）の向上を意図しています。
・スピードが早いことよりも、個数を正確に数えること、目標時間に近い方がいいことを伝えます。ただ漢字の数が正解でなくても、目標の時間に近ければ褒めてあげましょう。そのことでスピードの遅い子への配慮もできます。

取り組み時間：5分　　回数　12回分

例

漢字数え　❶

「紀」という漢字の数を数えながら、できるだけ早く「紀」に✓を付けましょう。数えたら、その数を下に書きましょう。

圧　永　紀　眼　検　修　織　刊　経　紀　妻　張　程　夢
快　査　舎　確　快　紀　義　個　久　過　減　断　件　測
均　紀　効　酸　紀　妻　授　紀　再　情　防　史　囲　造
構　飼　紀　均　勢　紀　犯　殺　士　得　得　仮　紀　招
資　囲　賞　毒　紀　脈　複　仏　紀　卒　築　留　織　境
堂　紀　混　禁　似　性　紀　制　造　織　判　停　型　句
武　則　属　政　略　損　税　経　因　衛　在　損　仏　寄
容　格　移　興　紀　際　基　紀　慣　件　境　酸　性　紀
紀　構　示　銅　復　歴　紀　象　貯　紀　導　容　暴　粉
囲　弁　似　武　紀　貸　術　桜　応　衛　航　断　舎　応
歴　価　居　紀　個　築　税　紀　質　構　個　紀　独　祖
移　情　救　規　逆　紀　許　常　紀　絶　許　損　弁　停
禁　迷　夢　増　紀　舎　災　紀　制　燃　務　技　承　総
紀　解　肥　修　測　資　紀　益　演　紀　資　慣　紀　在

目標（　3　分　0　秒）　　今回（　4　分　15　秒）

「紀」は全部で［　31　］個

❷ 数える　　35

年　　組

漢字数え ①

「紀」という漢字の数を数えながら、できるだけ早く「紀」に✓を付けましょう。数えたら、その数を下に書きましょう。

圧	永	紀	眼	検	修	織	刊	経	紀	妻	張	程	夢
快	査	舎	確	快	紀	義	個	久	過	減	断	件	測
均	紀	効	酸	紀	妻	授	紀	再	情	防	史	囲	造
構	飼	紀	均	勢	紀	犯	殺	士	得	得	仮	紀	招
資	囲	賞	毒	紀	脈	複	仏	紀	卒	築	留	織	境
堂	紀	混	禁	似	性	紀	制	造	織	判	停	型	句
武	則	属	政	略	損	税	経	因	衛	在	損	仏	寄
容	格	移	興	紀	際	基	紀	慣	件	境	酸	性	紀
紀	構	示	銅	復	歴	紀	象	貯	紀	導	容	暴	粉
囲	弁	似	武	紀	貸	術	桜	応	衛	航	断	舎	応
歴	価	居	紀	個	築	税	紀	質	構	個	紀	独	祖
移	情	救	規	逆	紀	許	常	紀	絶	許	損	弁	停
禁	迷	夢	増	紀	舎	災	紀	制	燃	務	技	承	総
紀	解	肥	修	測	資	紀	益	演	紀	資	慣	紀	在

目標（　　分　　秒）　今回（　　分　　秒）

「紀」は全部で［　　　　　］個

年　　組

漢字数え ②

「象」という漢字の数を数えながら、できるだけ早く「象」に✓を付けましょう。数えたら、その数を下に書きましょう。

因 境 益 象 刊 険 製 損 象 似 犯 略 喜 貸
額 災 査 舎 慣 象 衛 応 囲 象 序 現 象 謝
粉 逆 象 経 興 武 営 象 均 示 製 測 句 増
象 師 師 証 接 損 象 容 略 弁 保 墓 貯 航
夢 象 犯 職 講 禁 快 寄 故 象 険 損 象 像
綿 志 護 支 条 象 久 象 可 液 混 資 査 復
布 慣 飼 属 象 判 接 象 酸 状 識 独 舎 任
統 枝 居 応 額 再 象 精 導 示 非 墓 弁 勢
状 象 舎 率 保 殺 編 性 略 留 型 史 賞 費
象 仏 航 告 士 規 液 往 可 象 築 責 属 復
旧 厚 支 貧 張 述 飼 属 独 領 性 絶 統 粉
酸 責 再 確 格 増 象 勢 弁 貯 適 象 喜 災
桜 比 断 準 象 承 賛 耕 祖 象 幹 堂 歴 銅
象 評 築 則 編 囲 象 型 堂 副 益 査 武 象

目標（　　分　　秒）　今回（　　分　　秒）

「象」は全部で〔　　　〕個

年　　組

漢字数え ③

「条」という漢字の数を数えながら、できるだけ早く「条」に✓を付けましょう。数えたら、その数を下に書きましょう。

禁	応	条	限	版	団	編	喜	弁	士	財	示	条	故
似	基	混	謝	険	眼	圧	均	条	絶	績	備	非	限
象	貿	豊	検	条	経	構	増	武	現	制	則	飼	効
舎	支	潔	再	任	条	制	識	歴	移	団	税	資	永
条	刊	率	救	保	志	義	条	技	因	率	貸	旧	在
態	許	減	財	授	政	肥	墓	得	史	態	判	防	略
迷	複	税	態	団	条	留	囲	銅	快	務	示	導	賛
粉	再	険	眼	限	版	保	条	略	喜	製	士	得	脈
条	判	破	条	燃	条	示	衛	慣	個	張	統	適	護
停	証	断	防	迷	得	弁	条	増	銅	規	眼	条	技
喜	条	貸	織	情	武	条	応	減	雑	師	測	均	確
告	招	精	編	条	永	則	賞	在	条	績	現	破	編
営	務	条	停	史	条	導	版	幹	眼	告	損	酸	個
衛	条	序	断	条	混	破	条	製	情	在	判	条	編

目標（　　分　　秒）　今回（　　分　　秒）

「条」は全部で［　　　］個

年　　組

漢字数え　④

「政」という漢字の数を数えながら、できるだけ早く「政」に✓を付けましょう。数えたら、その数を下に書きましょう。

政	証	堂	粉	政	述	寄	制	資	容	桜	個	程	務
刊	情	政	則	永	銅	政	武	慣	現	綿	非	政	絶
句	基	災	経	謝	責	序	政	招	状	設	団	破	似
留	政	在	任	再	確	興	格	永	条	導	停	略	賛
弁	潔	災	政	句	妻	謝	率	任	織	復	囲	製	飼
政	任	判	述	検	格	像	燃	複	政	任	婦	断	絶
災	舎	再	政	飼	混	政	永	複	型	承	雑	政	河
再	政	破	在	個	久	承	績	政	判	築	件	経	興
液	毒	告	査	易	応	禁	質	眼	政	逆	句	構	舎
政	識	武	容	貸	張	象	逆	旧	酸	職	経	幹	演
史	輸	政	在	妻	政	属	採	損	政	則	像	資	精
航	防	非	救	政	得	築	程	貧	史	限	効	政	個
豊	政	準	暴	迷	態	政	逆	基	永	支	程	判	増
政	桜	設	絶	版	政	殺	複	易	政	型	設	政	常

目標（　　分　　秒）　　今回（　　分　　秒）

「政」　は全部で［　　　　］個

漢字数え ⑤

「肥」という漢字の数を数えながら、できるだけ早く「肥」に✓を付けましょう。数えたら、その数を下に書きましょう。

測	衛	肥	妻	幹	演	肥	技	築	程	肥	易	演	過
肥	非	保	航	判	勢	舎	損	肥	在	久	鉱	肥	犯
述	規	益	測	型	容	武	混	額	均	性	肥	保	判
非	慣	肥	検	団	望	能	導	造	採	限	採	肥	故
提	故	酸	肥	再	句	政	燃	罪	逆	任	救	修	肥
迷	肥	旧	績	団	報	弁	肥	接	謝	責	肥	弁	率
堂	久	桜	序	破	任	損	複	構	混	墓	接	築	個
告	価	逆	準	肥	程	祖	肥	性	序	肥	応	可	招
囲	張	承	師	境	仮	肥	講	貿	告	防	破	格	移
質	識	像	経	逆	可	犯	弁	墓	肥	留	喜	歴	肥
肥	支	罪	肥	故	精	舎	肥	独	編	禁	肥	績	保
綿	属	義	在	損	肥	独	性	境	肥	態	保	仏	属
暴	修	検	税	肥	久	酸	肥	能	査	備	張	非	述
慣	肥	仮	慣	素	鉱	製	採	解	際	停	毒	暴	肥

目標（　　分　　秒）　今回（　　　分　　　秒）

「肥」は全部で [　　　] 個

年　　組

漢字数え ❻

「厚」という漢字の数を数えながら、できるだけ早く「厚」に✓を付けましょう。数えたら、その数を下に書きましょう。

故	幹	厚	像	複	妻	授	判	厚	提	応	許	旧	厚
厚	承	職	独	増	武	額	設	減	検	技	序	厚	弁
素	修	製	厚	寄	準	能	厚	責	迷	仏	属	謝	解
肥	夢	述	限	厚	精	基	税	幹	厚	義	厚	在	保
士	厚	混	則	銅	織	増	編	容	弁	告	承	厚	貯
災	慣	厚	似	飼	編	弁	率	厚	移	喜	士	粉	脈
似	句	損	罪	限	厚	旧	厚	河	状	厚	領	資	因
勢	則	燃	政	銅	構	件	往	桜	厚	招	団	断	厚
厚	能	営	均	厚	複	容	厚	囲	歴	質	制	厚	非
貸	規	厚	査	導	復	告	判	厚	慣	資	情	像	句
際	独	幹	益	在	接	墓	損	禁	厚	製	史	喜	経
貯	技	採	演	件	潔	準	貸	賞	航	厚	舎	費	厚
厚	招	備	幹	際	在	厚	件	留	銅	示	厚	質	判
程	停	墓	史	災	居	規	築	厚	暴	弁	喜	厚	術

目標（　　分　　秒）　今回（　　分　　秒）

「厚」は全部で〔　　　　〕個

漢字数え ⑦

「序」という漢字の数を数えながら、できるだけ早く「序」に✓を付けましょう。ただし、「序」の左どなりの漢字が色の名前の時は、✓を付けません。さいごに、✓の数を下に書きましょう。

厚	因	険	序	武	貸	非	均	招	責	犯	堂	序	務
損	非	毒	粉	雑	増	興	序	金	営	刊	慣	採	防
型	序	墓	仏	武	青	序	質	則	構	眼	件	採	災
勢	証	貧	評	許	価	解	情	幹	禁	混	赤	序	雑
序	性	益	序	銀	象	導	査	構	序	提	護	常	祖
燃	報	停	囲	歴	句	序	制	限	可	経	圧	統	評
婦	脈	序	絶	準	損	績	黒	序	耕	白	程	序	容
職	査	慣	液	序	造	寄	効	罪	態	序	複	告	舎
序	税	再	術	版	準	証	居	鉱	務	報	織	再	条
史	比	久	序	祖	快	緑	序	精	句	講	刊	査	序
設	序	評	張	弁	複	態	布	序	過	比	賞	貿	告
接	績	状	承	破	序	豊	似	構	応	序	境	任	型
留	救	序	青	準	税	支	基	格	混	資	統	余	輪
序	団	備	飼	桜	価	解	講	赤	夢	序	貧	序	圧

目標（　　分　　秒）　今回（　　分　　秒）

「✓」は全部で [　　　　] 個

年　　組

漢字数え　❽

「飼」という漢字の数を数えながら、できるだけ早く「飼」に✓を付けましょう。ただし、「飼」の左どなりの漢字が色の名前の時は、✓を付けません。さいごに、✓の数を下に書きましょう。

領	飼	査	修	飼	評	迷	布	堂	粉	鉱	飼	賛	製
件	授	率	飼	導	容	囲	興	永	白	飼	可	過	版
燃	保	留	喜	型	独	団	編	飼	経	災	件	飼	河
件	飼	似	情	容	飼	緑	豊	報	識	測	導	飼	査
容	任	税	績	築	停	費	備	妻	修	飼	迷	型	紀
経	資	飼	赤	飼	師	演	枝	飼	能	眼	圧	鉱	飼
確	識	再	制	損	飼	務	堂	得	囲	夢	境	状	祖
舎	飼	税	混	武	犯	検	故	飼	素	師	金	余	婦
堂	象	飼	復	句	似	飼	比	務	寄	程	綿	飼	略
囲	態	破	青	承	飼	祖	河	財	飼	損	航	型	備
判	飼	像	妻	製	税	故	在	貸	責	雑	飼	略	犯
史	団	製	率	任	飼	黄	弁	希	士	貿	評	得	飼
飼	航	燃	復	型	査	営	採	仏	飼	減	往	過	史
破	増	識	額	飼	移	茶	飼	豊	刊	益	報	提	飼

目標（　　分　　秒）　今回（　　分　　秒）

「✓」は全部で　[　　　]　個

年　組

漢字数え ❾

「留」という漢字の数を数えながら、できるだけ早く「留」に✓を付けましょう。ただし、「留」の左どなりの漢字が色の名前の時は、✓を付けません。さいごに、✓の数を下に書きましょう。

移	救	留	粉	張	護	留	久	常	報	幹	益	性	喜
増	眼	舎	損	貸	判	税	判	術	留	版	測	条	留
術	留	備	任	復	検	際	易	限	犯	留	喜	祖	堂
銅	独	増	留	団	判	黄	留	務	賞	張	在	比	耕
舎	現	謝	績	妻	墓	留	築	茶	略	囲	久	性	任
留	武	歴	損	団	逆	義	規	招	桜	価	留	河	易
因	慣	際	制	留	能	破	応	講	留	災	旧	比	史
告	留	益	可	過	職	独	情	快	確	規	留	備	承
術	製	造	留	任	導	圧	金	留	能	銅	囲	義	許
留	酸	在	責	快	留	増	査	制	財	非	白	留	備
編	賞	留	士	喜	則	武	検	製	留	貸	態	復	混
増	査	災	規	留	判	圧	質	雑	財	税	暴	留	赤
編	留	弁	容	査	可	白	留	率	殺	際	留	益	築
素	演	河	句	禁	留	墓	史	略	眼	可	限	解	留

目標（　　分　　秒）　　今回（　　分　　秒）

「✓」は全部で〔　　　〕個

年　　組

漢字数え ❿

「潔」という漢字の数を数えながら、できるだけ早く「潔」に✓を付けましょう。ただし、「潔」の左どなりの漢字が色の名前の時は、✓を付けません。さいごに、✓の数を下に書きましょう。

犯	幹	検	潔	赤	非	責	判	保	損	採	豊	税	基
緑	潔	破	任	険	技	潔	断	囲	経	潔	営	件	識
再	勢	評	程	潔	刊	興	性	属	弁	能	潔	救	歴
災	支	潔	績	測	査	禁	造	銅	略	独	青	精	潔
武	復	断	証	師	可	余	潔	貯	史	似	益	往	桜
構	白	潔	険	桜	祖	防	夢	迷	評	潔	志	鉱	常
士	務	賞	銅	潔	技	酸	準	潔	厚	境	永	衛	仮
混	件	授	責	招	承	潔	統	保	航	喜	歴	潔	雑
潔	接	提	婦	潔	毒	堂	比	護	黄	潔	確	件	演
舎	寄	久	適	貧	潔	導	師	潔	脈	易	河	財	逆
効	耕	緑	幹	潔	基	境	総	素	墓	非	夢	潔	講
刊	益	潔	検	再	型	潔	均	犯	潔	告	貸	承	提
綿	枝	輪	険	永	液	混	則	禁	災	張	素	潔	製
潔	弁	損	武	独	団	銀	潔	証	圧	効	非	粉	士

目標（　　分　　秒）　今回（　　分　　秒）

「✓」は全部で［　　　　］個

年　　　組

漢字数え　⑪

「旧」という漢字の数を数えながら、できるだけ早く「旧」に✓を付けましょう。ただし、「旧」の左どなりの漢字が色の名前の時は、✓を付けません。さいごに、✓の数を下に書きましょう。

旧	賛	豊	報	雑	境	統	旧	承	備	旧	独	刊	営
額	白	旧	暴	賞	史	術	備	務	旧	状	素	統	素
故	限	術	税	旧	墓	編	旧	破	損	経	織	造	銅
勢	能	舎	逆	価	承	設	青	解	刊	眼	技	護	鉱
素	婦	旧	迷	務	青	旧	識	増	情	検	故	旧	耕
団	張	非	夢	墓	仏	複	喜	旧	囲	歴	職	導	精
判	絶	適	統	余	旧	額	仮	逆	基	桜	旧	赤	提
旧	妻	営	講	率	則	復	旧	容	保	旧	燃	得	粉
損	築	張	提	旧	適	統	評	増	寄	義	師	条	旧
際	貸	準	旧	絶	許	過	志	適	旧	犯	編	容	略
歴	旧	増	独	再	謝	旧	慣	永	略	緑	旧	報	賞
絶	適	輸	粉	堂	備	築	茶	罪	旧	桜	積	政	資
眼	久	鉱	常	旧	税	態	備	綿	象	旧	黒	独	任
旧	務	耕	師	豊	破	酸	赤	旧	厚	肥	授	旧	型

目標（　　分　　秒）　今回（　　分　　秒）

「✓」は全部で　［　　　　　］個

年　　組

漢字数え ⑫

「営」という漢字の数を数えながら、できるだけ早く「営」に✓を付けましょう。ただし、「営」の左どなりの漢字が色の名前の時は、✓を付けません。さいごに、✓の数を下に書きましょう。

永	液	義	営	河	境	犯	史	適	婦	営	白	粉	囲
領	序	厚	条	製	営	増	職	銅	復	歴	句	慣	故
責	赤	営	久	航	率	接	張	貧	営	版	比	営	保
似	再	勢	貸	耕	境	営	過	額	経	禁	示	承	綿
迷	肥	夢	営	告	基	囲	黒	営	眼	義	営	罪	祖
営	属	態	承	統	婦	評	粉	得	告	編	破	容	効
状	布	財	桜	営	修	災	制	幹	境	久	営	黄	豊
士	営	築	絶	輸	余	素	営	質	増	任	均	益	営
舎	仮	演	基	弁	営	災	似	職	像	険	設	営	判
報	茶	営	団	責	在	逆	支	証	営	素	提	証	鉱
営	過	規	精	営	句	査	属	独	肥	序	営	潔	旧
採	舎	能	編	報	容	営	喜	仏	非	営	賞	囲	歴
構	似	志	境	余	輸	統	銀	営	支	黄	仮	貸	態
混	営	性	墓	停	粉	雑	条	貧	絶	営	易	衛	圧

目標（　　分　　秒）　今回（　　分　　秒）

「✓」は全部で〔　　　〕個

❷ 数える

漢字算

●子どもにつけて欲しい力

短期記憶の力、答えの写し間違いをしない力、うっかりミスを減らす力を養います。

●進め方

まず上段の右横の計算問題の答えを覚え、左の文章の下線が引かれた平仮名の漢字をイメージして、下段の計算問題の答えと同じ数字を選んで、その横の（　　）に対応する漢字を書きましょう。

●ポイント

・漢字が書けなければ平仮名やカタカナでも問題ありません。

・時間制限はありませんのでゆっくり確実にやるよう伝えましょう。

・なかなか覚えられなければ最初は声に出しながら（「8 は弁当」など）、（　　）に漢字を書いてもらいましょう。

●留意点

・計算の答えを覚えながら漢字を書くことを目的にしていますので上段の文章の余白に漢字の答えを書いたり、計算の答えを書いたりしないよう伝えます。

・漢字が分からないときは（　　）には平仮名で書いてもらいましょう。

・（　　）の数が合わないときは計算間違いをしていますので、どこか間違いがないか確認してもらうといいでしょう。

・この課題が難しければ、もっとやさしい課題から取り組ませましょう。（「やさしいコグトレ」（三輪書店）あいう算など）。

取り組み時間：5分　　回数　12回分

例

漢字算 ❶

文の右にある計算の答えと同じ数を下から選んで、線が引いてある漢字を下の（　）に書きましょう。

お母さんがおべん当を作ってくれました　　　　　：7＋1

角からウサギさんがあらわれました　　　　　　　：9＋4

カメさんは家に帰ると今日習ったことをふく習します：6＋5

牛が逃げないようにさくで周りをかこいました　　：8＋3

入学式の日にさくらがきれいに咲いていました　　：2＋9

おいしいご飯を食べてカバさんはよろこんでいます　：7＋5

土にひ料を混ぜておくことで葉が元気になります　　：5＋9

食器にほこりがかぶらないように

　ぬのをかぶせておきます　　　　　　　　　　　：4＋8

8（　弁　）　　　　　　　　13（　現　）

11（　復　）（　囲　）（　桜　）　14（　肥　）

12（　喜　）（　布　）

❷ 数える　49

年　　組

漢字算 **1**

> 文の右にある計算の答えと同じ数を下から選んで、線が引いてある漢字を下の（　　）に書きましょう。

お母さんがおべん当を作ってくれました　　　　　　　：7＋1

角からウサギさんがあらわれました　　　　　　　　　：9＋4

カメさんは家に帰ると今日習ったことをふく習します：6＋5

牛が逃げないようにさくで周りをかこいました　　　　：8＋3

入学式の日にさくらがきれいに咲いていました　　　　：2＋9

おいしいご飯を食べてカバさんはよろこんでいます　　：7＋5

土にひ料を混ぜておくことで葉が元気になります　　　：5＋9

食器にほこりがかぶらないように

　　ぬのをかぶせておきます　　　　　　　　　　　　：4＋8

8（　　　　）　　　　　　　　　　13（　　　　　）

11（　　　　）（　　　　　）（　　　　　）　14（　　　　　）

12（　　　　）（　　　　　）

年　　組

漢字算 ❷

文の右にある計算の答えと同じ数を下から選んで、線が引いてある漢字を下の（　　）に書きましょう。

お母さんは<u>あつ</u>焼たまごの中にチーズを入れてくれました：8＋6

おばあちゃんは野菜を育てるために畑を<u>たがや</u>しています：7＋2

家族でおぼんになると<u>おはか</u>参りに行きます　　　　　　：4＋9

スーパーでお肉が半額で売られていたので

　<u>おとく</u>に買えました　　　　　　　　　　　　　　　　：5＋4

ネコさんはおこづかいの半分を<u>ちょ</u>金しています　　　：8＋1

ボールの<u>かし</u>出しはお昼休みの時間だけです　　　　　：9＋8

お店の商品は<u>ぜい</u>が別にかかってくるときがあります　：4＋7

手洗いうがいでかぜを予<u>ぼう</u>します　　　　　　　　　：3＋9

9（　　　）（　　　　）（　　　　）　13（　　　　）

11（　　　）　　　　　　　　　　　　14（　　　　）

12（　　　）　　　　　　　　　　　　17（　　　　）

年　　組 _____

漢字算 ❸

文の右にある計算の答えと同じ数を下から選んで、線が引いてある漢字を下の（　　）に書きましょう。

となりの家とのさかい目にはへいがあります　　　：6 + 5

カメさんはウサギさんを見つけると近よっていきます：5 + 7

お父さんがひさしぶりに家に帰ってきました　　　：4 + 8

ボールを箱からカゴへうつしました　　　　　　　：9 + 8

キリンさん兄弟はどちらが首が長いかくらべています：2 + 9

たくさんのチラシがあまっています　　　　　　　：6 + 2

お母さんは食器を買う時は日本せいのものを
　選んで買っています　　　　　　　　　　　　　：7 + 4

事けんが発生するとパトカーがたくさん走ります　：5 + 9

8（　　　）　　　　　　　14（　　　　）

11（　　　）（　　　　）（　　　　）　17（　　　　）

12（　　　）（　　　　）

年　　　組

漢字算 ❹

文の右にある計算の答えと同じ数を下から選んで、線が引いてある漢字を下の（　）に書きましょう。

先生との約束は<u>ぜっ</u>対に守ります	：4＋8
ネコさんは<u>す</u>てきなグラスをもらいました	：3＋6
先生はクラスごとにリボンの色を<u>とう</u>一しました	：7＋5
ブタさんは借りてきたアニメを<u>さい</u>生しています	：3＋9
お母さんは<u>さい</u>害に備えて食べ物を用意しています	：5＋4
おじいちゃんは学校で伝<u>しょう</u>遊びを教えてくれました	：6＋4
お母さんとはぐれた子を保<u>ご</u>すると	
放送でお母さんをよびます	：8＋8
たろう君は<u>さい</u>血がいたいので苦手です	：7＋4

9 （　　　）（　　　）12 （　　　）（　　　）（　　　）

10 （　　　）　　　　　16 （　　　）

11 （　　　）

年　　組

漢字算　❺

文の右にある計算の答えと同じ数を下から選んで、線が引いてある漢字を下の（　）に書きましょう。

国さい化によって外国人がたくさん日本にいます	：3 + 8
病院でもらってきた薬はよくききます	：6 + 5
イノシシさんはトラさんの意見にさん成しています	：4 + 9
森の中でまよって大きな川にたどり着きました	：5 + 7
イタリアではか面をかぶったカーニバルが開かれます	：8 + 1
結こん式でお姉ちゃんはえい遠の愛をちかいました	：8 + 6
しつ問がある子は手を挙げて発言します	：4 + 8
ネコさんは明日のじゅん備ができたらねます	：5 + 9

9 （　　　）　　　　13 （　　　）

11 （　　　）（　　　）　　14 （　　　）（　　　）

12 （　　　）（　　　）

年　　組

漢字算　❻

文の右にある計算の答えと同じ数を下から選んで、線が引いてある漢字を下の（　）に書きましょう。

ヒツジさんは歴史にきょう味があるようです	：5＋6
そ先の人たちはいろいろな戦いを経験してきました	：7＋8
わたしはうらないしの人に未来を見てもらうつもりです	：9＋4
インフルエンザのけん査のために病院へ行きます	：3＋8
ぼくはみたらしだん子が大好きです	：1＋8
いやな時はことわることも大切です	：6＋5
雪だるまの手は落ちていたえだで作ってあります	：7＋9
コーチは負けた原いんをみんなに伝えています	：8＋4

9（　　　）　　　　　　　　13（　　　）

11（　　　）（　　　）（　　　）　15（　　　）

12（　　　）　　　　　　　　16（　　　）

_____年　　　組_____

漢字算　❼

文の右にある計算の答えと同じ数を下から選んで、線が引いてある漢字を下の（　　）に書きましょう。

お祭りに行くと<u>わた</u>あめを食べます　　　　　　　　：6 ＋ 6

お母さんはデパートの<u>ふ</u>人服売り場で

　　スカートを買いました　　　　　　　　　　　　：4 ＋ 7

日本は外国から石油を<u>ゆ</u>入しています　　　　　：8 ＋ 4

お兄ちゃんは新しいパソコンの<u>せっ</u>定をしています　：2 ＋ 3

ネコさんは会場<u>げん</u>定のグッズを買うために

　　早起きをしました　　　　　　　　　　　　　　：4 ＋ 5

ウサギさんは金<u>がく</u>を計算しながら買い物しています：6 ＋ 8

教科書の最後には答えが<u>しめ</u>してあります　　　　：7 ＋ 9

同じ行動をくりかえすことで少しずつ<u>な</u>れてきます　：5 ＋ 6

5（　　　）　　　　　12（　　　　）（　　　　）

9（　　　）　　　　　14（　　　）

11（　　　）（　　　　）　16（　　　）

年　　　組

漢字算　⑧

文の右にある計算の答えと同じ数を下から選んで、線が引いてある漢字を下の（　）に書きましょう。

おじいちゃんはくつ屋さんを<u>いと</u>なんでいます	： 9 + 4
英語のテストで<u>じゅつ</u>語を選ぶ問題がありました	： 7 + 8
朝はテレビで<u>ほう</u>道番組を見ています	： 6 + 5
係の仕事は<u>せき</u>任をもって行いましょう	： 7 + 4
クラスのみんなで<u>ささ</u>えあうことで団結します	： 9 + 4
国語の授業ではい<u>く</u>を習いました	： 1 + 8
ゴミは<u>もえ</u>るゴミとリサイクルに分別します	： 8 + 9
人は<u>さん</u>素をすって、二さん化炭素をはいています	： 7 + 9

9 （　　　）　　　　　16 （　　　　）

11 （　　　）（　　　　）　17 （　　　　）

13 （　　　）（　　　　）

15 （　　　）

年　　組

漢字算　❾

文の右にある計算の答えと同じ数を下から選んで、線が引いてある漢字を下の（　　）に書きましょう。

ネコさんは黄色と赤色をまぜてオレンジ色を作りました：6 ＋ 8

集会でサッカー部がしょう状を受け取っています　　：7 ＋ 4

カップケーキの上からこなのさとうをかけて完成です　：9 ＋ 1

晴れているときは山みゃくをたくさん

　　見ることができます　　　　　　　　　　　　　：5 ＋ 4

線を引くときには定ぎを使って真っすぐに引きます　：7 ＋ 3

木のみきにカブトムシがいます　　　　　　　　　　：8 ＋ 6

旅行の日ていは3日間の予定です　　　　　　　　　：7 ＋ 9

ライオンさんはゆうれいの存ざいを信じていません　：8 ＋ 8

9 （　　　）　　　　　　14 （　　　　）（　　　　）

10 （　　　）（　　　　）　16 （　　　　）（　　　　）

11 （　　　）

年　　　組

漢字算 ⓾

文の右にある計算の答えと同じ数を下から選んで、線が引いてある漢字を下の（　　）に書きましょう。

お母さんはあつ力なべを使ってカレーを作っています　　：7 + 6

サイさんがパーティーにまねいてくれました　　　　　：4 + 8

ぶ士の人はこしに刀をさして歩いていました　　　　　：5 + 6

ドラマの主えんはお母さんが好きなはいゆうです　　　：3 + 9

チャイムの音はじゅ業が始まる時と終わる時になります：5 + 8

ぼくのつまは料理の上手な人です　　　　　　　　　　：2 + 9

先生に名前を言われたら元気に反のうしましょう　　　：4 + 7

悪いことを行ったらつみをつぐなうことが当たり前です：6 + 8

11 （　　　　）（　　　　　）（　　　　　　）

12 （　　　　）（　　　　　）

13 （　　　　）（　　　　　）

14 （　　　　）

年　　　組

漢字算 ⑪

文の右にある計算の答えと同じ数を下から選んで、線が引いてある漢字を下の（　　）に書きましょう。

授業が終わった時にプリントを<u>てい</u>出してください　　：6＋5

中学では図工が<u>美</u>じゅつに変わります　　　　　　　：9＋4

アヒルさんは<u>か</u>去についてすぐにわすれてしまいます：8＋9

理科の授業で法<u>そく</u>を習いました　　　　　　　　　：3＋7

先生に会いに行くために<u>しょく</u>員室へ行きます　　　：1＋9

目の前のバス<u>てい</u>にバスはまだ来ていません　　　　：6＋7

カメさんが急いで乗った電車は行きたい方向と

　　<u>ぎゃく</u>向きでした　　　　　　　　　　　　　　：8＋4

テレビを付けると<u>せい</u>治家の人が話しています　　　：5＋7

10（　　　　）（　　　　）　　13（　　　　）（　　　　）

11（　　　　）　　　　　　　　17（　　　　）

12（　　　　）（　　　　）

年　　組

漢字算　❶❷

文の右にある計算の答えと同じ数を下から選んで、線が引いてある漢字を下の（　　）に書きましょう。

どくリンゴを食べた白雪ひめはねむっています　　　：6＋5

車と車がぶつかる事こが多発しています　　　　　　：4＋8

花子さんは電車のおう復切ぷを買いました　　　　　：5＋7

朝かんはねている間にポストに入れてくれます　　　：9＋6

せい格は人によってちがっています　　　　　　　　：9＋2

ハトさんは楽しいゆめを見ています　　　　　　　　：7＋6

ごはんが入っているよう器は電子レンジで温められます：8＋8

ふたごの兄弟は顔がにています　　　　　　　　　　：5＋8

11 （　　　　）（　　　　　）　15 （　　　　　）

12 （　　　　）（　　　　　）　16 （　　　　　）

13 （　　　　）（　　　　　）

❷ 数える

さがし熟語

●子どもにつけて欲しい力

答えを効率よく探すことで、ものを数える際に必要な処理するスピード、計画力を向上させます。

●進め方

たて、よこ、ななめで隣り合った2つの漢字の中で2字熟語になるものを見つけて〇で囲み下の（　　　）に書いてもらいます。

●ポイント

・効率よく熟語を探すには、上段から下段の順に、左から右方向（右の例だと「規」から「個」の方向）に熟語になるものを探していくことを伝えましょう。

・2字熟語の組合せは下→上方向や右→左方向にもありますので色んな方向で見つけていきましょう。

●留意点

・マス目が3×3だと偶然見つけることも可能ですが、マス目が増えてくると次第に困難になってきます。偶然に熟語を見つけることは、漢字つなぎの目的ではありませんので、上段の左端から探すように心がけてもらいましょう。

・まだ知らない熟語であっても漢字辞典で調べるなど次の学習につなげていきましょう。

・この課題は難易度が高めですので、チャレンジ問題といった位置づけです。もし4×4が難しければ、使わない漢字の列と行を線で消して3×3として取り組んでもらってもいいでしょう。

・この課題の計算版が「もっとコグトレ　さがし算60（初級、中級、上級）」（東洋館出版社）ですのでこちらにも取り組んでもらいましょう。

62

| 取り組み時間：5分 | 回数 8回分 |

例

さがしじゅく語 ①

たて、横、ななめのとなりあった漢字を2つつなげてじゅく語を作り、
○で囲んで下の（　　）に書きましょう。

規	個	久	旧
厚	技	逆	永
敵	鉱	桜	際
財	接	程	素

[永久]

減	弁	版	額
妻	任	句	興
圧	術	易	雑
損	態	貿	豊

[貿易]

液	件	災	税
飼	夢	導	武
責	布	適	綿
因	応	益	幹

[適応]

賛	居	仮	険
能	基	支	逆
績	可	税	肥
団	象	設	粉

[可能]

❷ 数える　63

年　　　組

さがしじゅく語 ①

たて、横、ななめのとなりあった漢字を2つつなげてじゅく語を作り、
○で囲んで下の（　　）に書きましょう。

規	個	久	旧
厚	技	逆	永
敵	鉱	桜	際
財	接	程	素

[　　　　　　　]

減	弁	版	額
妻	任	句	興
圧	術	易	雑
損	態	貿	豊

[　　　　　　　]

液	件	災	税
飼	夢	導	武
責	布	適	綿
因	応	益	幹

[　　　　　　　]

賛	居	仮	険
能	基	支	逆
績	可	税	肥
団	象	設	粉

[　　　　　　　]

年　組

さがしじゅく語 ②

たて、横、ななめのとなりあった漢字を2つつなげてじゅく語を作り、
○で囲んで下の（　　）に書きましょう。

圧	経	快	均
構	資	過	造
情	銅	飼	団
解	刊	句	似

[　　　　　　　　　]

興	永	額	幹
基	桜	厚	素
禁	綿	張	険
解	故	謝	耕

[　　　　　　　　　]

確	易	精	述
貸	墓	銅	迷
境	態	準	像
採	寄	混	武

[　　　　　　　　　]

質	築	識	税
判	句	布	夢
眼	編	再	仏
復	険	銅	慣

[　　　　　　　　　]

年　　組

さがしじゅく語 ❸

たて、横、ななめのとなりあった漢字を 2 つつなげてじゅく語を作り、
○で囲んで下の（　　）に書きましょう。

技	規	罪	久
酸	災	比	保
防	測	職	容
潔	版	告	粉

[　　　　　　　]

準	個	損	貧
務	肥	妻	検
桜	修	犯	査
織	留	囲	航

[　　　　　　　]

勢	序	非	輸
得	象	紀	旧
護	謝	燃	飼
刊	張	任	責

[　　　　　　　]

在	仏	制	豊
現	破	率	貯
暴	河	容	移
因	圧	導	志

[　　　　　　　]

年　　組

さがしじゅく語 ④

たて、横、ななめのとなりあった漢字を2つつなげてじゅく語を作り、○で囲んで下の（　）に書きましょう。

絶	基	眼	際
製	舍	確	営
経	証	往	賛
液	比	囲	毒

[　　　　　]　　[　　　　　]

防	招	条	師
統	婦	桜	張
肥	独	状	任
資	刊	財	賞

夢	設	断	程
綿	厚	迷	総
団	序	在	災
修	財	久	状

[　　　　　]　　[　　　　　]

提	歴	史	貧
師	余	居	可
脈	費	救	潔
判	弁	増	舎

年　　　組

さがしじゅく語 ❺

たて、横、ななめのとなりあった漢字を2つつなげてじゅく語を作り、
○で囲んで下の（　　）に書きましょう。

寄	準	財	妻
識	件	現	酸
効	常	絶	質
営	永	型	採

[　　　　　　　　　]

夢	義	版	略
祖	限	墓	準
留	句	謝	備
豊	弁	領	型

[　　　　　　　　　]

製	夢	適	導
総	素	志	絶
綿	桜	価	慣
眼	雑	複	犯

[　　　　　　　　　]

囲	士	証	鉱
状	興	酸	序
接	政	復	妻
貸	提	築	似

[　　　　　　　　　]

年　　組

さがしじゅく語 ❻

たて、横、ななめのとなりあった漢字を2つつなげてじゅく語を作り、
○で囲んで下の（　　）に書きましょう。

眼	液	永	快
潔	幹	個	設
犯	損	墓	能
修	査	得	演

[　　　　　　]　　[　　　　　　]

張	厚	居	採
務	損	志	護
義	枝	総	婦
防	迷	輪	余

幹	似	識	燃
則	性	舎	効
態	序	率	団
備	布	毒	粉

[　　　　　　]　　[　　　　　　]

夢	犯	罪	構
句	飼	情	導
武	制	術	精
冷	逆	支	常

[　　　　　　]　　[　　　　　　]

年　　組

さがしじゅく語 ❼

たて、横、ななめのとなりあった漢字を2つつなげてじゅく語を作り、○で囲んで下の（　）に書きましょう。

逆	総	夢	効
判	志	眼	飼
象	断	梅	変
夫	卒	以	兵

〔　　　　　　　〕

師	絶	輸	程
耕	余	提	告
責	舎	団	報
貿	保	停	粉

〔　　　　　　　〕

句	因	妻	容
属	災	型	士
賞	格	性	堂
河	効	祖	綿

〔　　　　　　　〕

師	備	比	雑
条	謝	再	職
述	団	険	永
賛	保	貯	枝

〔　　　　　　　〕

年　　組

さがしじゅく語 ❽

たて、横、ななめのとなりあった漢字を2つつなげてじゅく語を作り、
○で囲んで下の（　　）に書きましょう。

報	税	象	囲
銅	潔	幹	夢
構	限	応	似
築	興	独	準

[　　　　　]　[　　　　　]

殺	停	術	脈
張	技	旧	布
提	証	妻	留
略	航	紀	毒

[　　　　　]　[　　　　　]

序	減	桜	逆
適	綿	賞	囲
個	支	団	制
燃	確	永	規

[　　　　　]　[　　　　　]

減	可	迷	歴
増	型	士	貯
眼	件	資	再
勢	造	衛	慣

[　　　　　]　[　　　　　]

❸ 写す

❸ 写す

点つなぎ

●**子どもにつけて欲しい力**

　ものを正確に写す力といった視覚認知の基礎力を向上させることで漢字の形態を正しく認識する力や、手先の微細運動、視覚と手先運動との協応の力などを養います。

●**進め方**

　上段の見本をみながら、下段に写します。定規は使わずフリーハンドで行います。

●**ポイント**

・取り組み時間は気にせずゆっくり確実に写してもらいましょう。

・点と点を結ぶ線が歪んでいても、正しく繋ごうとしていることが分かれば正解とします。

・できるだけ消しゴムを使わないで最初から正確に書いてみるよう注意を促しましょう。

●**留意点**

・ここでは漢字の習得よりも正確に写す力を養うことを目的としていますので、それぞれの学年で習う漢字よりも１学年上の漢字を使用しています。

・どうしても定規を使いたがる子どもがいますが、漢字を書くのに定規を使わないのと同様に下手でもいいので定規は使わないよう伝えます。

・もし正確に写せていなければ、すぐに正解を教えるのではなくどこが間違っているのかを見つけてもらいましょう。３回やらせて見つけられなければ正解を教えて、後日、再トライさせると効果的です。

・点上に漢字が配置されるため、漢字の形態が必ずしも正確でないことがあります。ここでの目的は写す力をつけることですので、時間に余裕があれば正確な漢字形態を教科書などで確認してもらいましょう。

・この課題が難しいようであれば、もっとやさしい課題からスタートさせましょう（「やさしいコグトレ」（三輪書店）点つなぎなど）。

取り組み時間：5分　　回数　8回分

例

点つなぎ ❶

①に書かれている漢字と同じように、
②に点をつないで漢字を書き写しましょう。

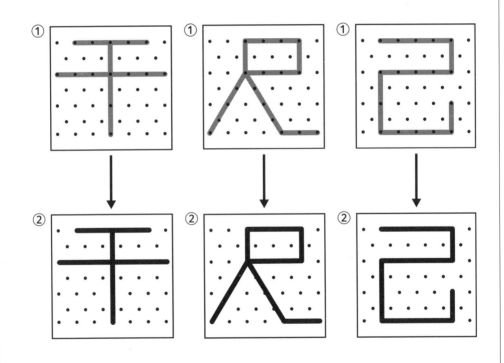

❸ 写す　75

年　　　組

点つなぎ ①

①に書かれている漢字と同じように、
②に点をつないで漢字を書き写しましょう。

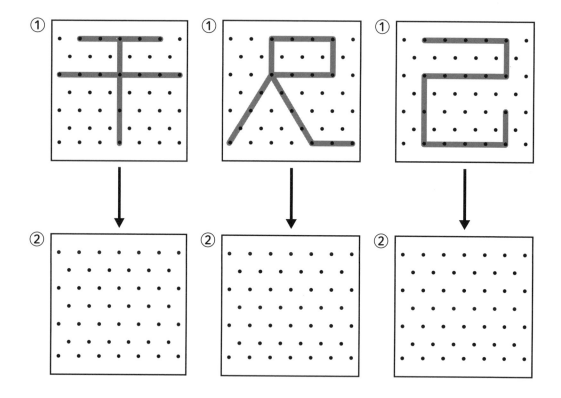

年　　組

点つなぎ ❷

①に書かれている漢字と同じように、
②に点をつないで漢字を書き写しましょう。

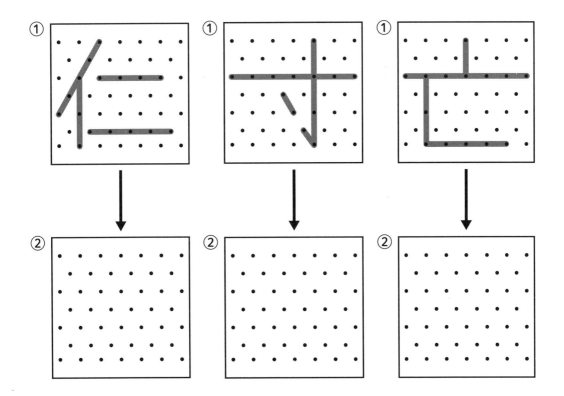

年　　組

点つなぎ ❸

①に書かれている漢字と同じように、
②に点をつないで漢字を書き写しましょう。

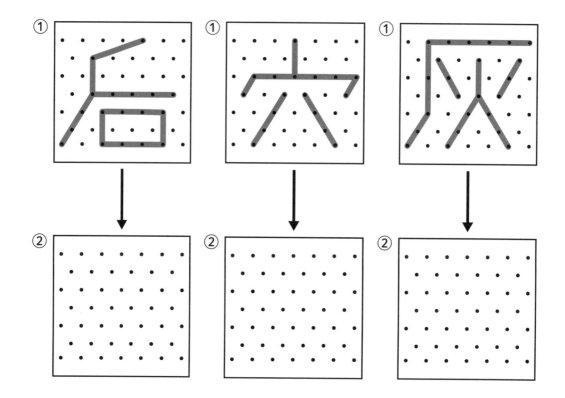

年　　組

点つなぎ ❹

①に書かれている漢字と同じように、
②に点をつないで漢字を書き写しましょう。

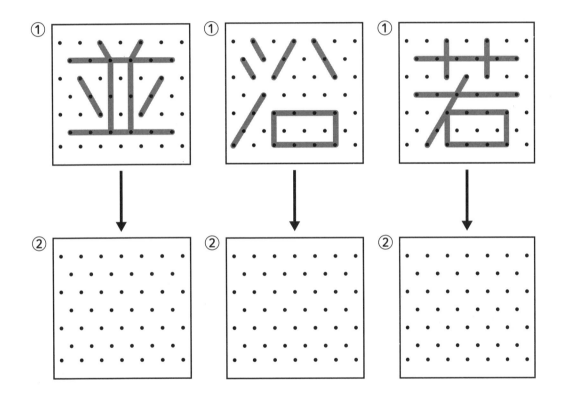

年　　組

点つなぎ ❺

①に書かれている漢字と同じように、
②に点をつないで漢字を書き写しましょう。

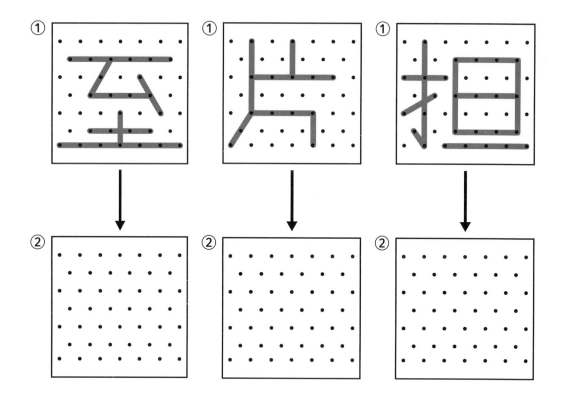

年　　組

点つなぎ ❻

①に書かれている漢字と同じように、
②に点をつないで漢字を書き写しましょう。

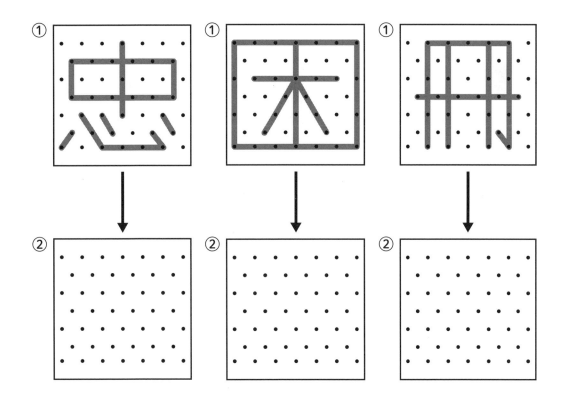

年　　組

点つなぎ ❼

①に書かれている漢字と同じように、
②に点をつないで漢字を書き写しましょう。

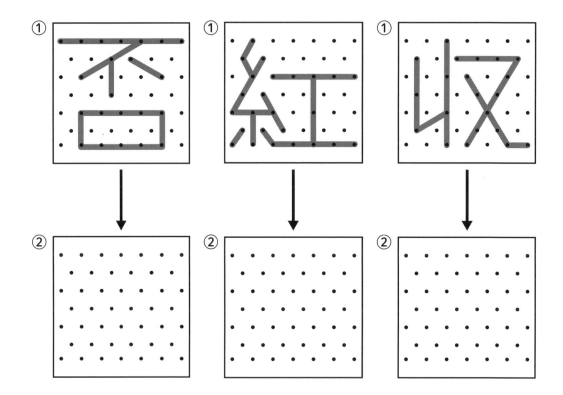

年　　組

点つなぎ ❽

①に書かれている漢字と同じように、
②に点をつないで漢字を書き写しましょう。

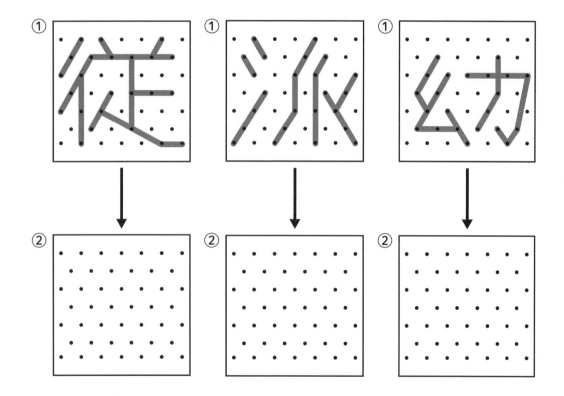

❸ 写す

くるくる漢字

●子どもにつけて欲しい力

　角度が変わっても同じ形であることを認識する力、論理性、心的回転の力を養います。

●進め方

　上の○の中の漢字を見ながら、下の○に中に正しい方向で写します。小学2年生以上では、上の○の中の点で繋がれた漢字を下に正しい方向で正確に写します。

●ポイント

・上の○の中にある漢字がまず何であるかに気づくことに加え、下の○の中に正しい方向で写す必要があります。ヒントは★の位置です。★と線の位置関係を考えてもらいます。

●留意点

・何の漢字か気づかなければ紙を回転させてあげましょう。

・点上に漢字が配置されるため、漢字の形態が必ずしも正確でないことがあります。ここでの目的は写す力をつけることですので、時間に余裕があれば正確な漢字形態を教科書などで確認してもらいましょう。

取り組み時間：5分　回数　8回分

例

くるくる漢字 ❶

上と同じ漢字になるように、下の○に正しい向きで漢字を書きましょう。

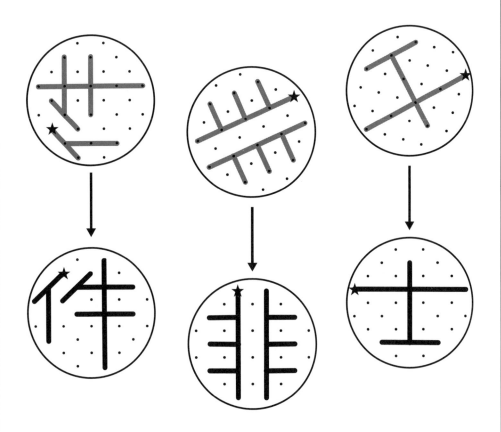

❸ 写す

年　　組

くるくる漢字 ❶

上と同じ漢字になるように、下の○に正しい向きで漢字を書きましょう。

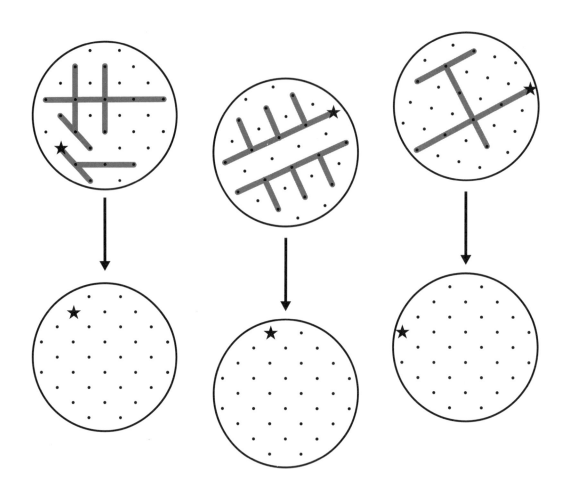

年　　組

くるくる漢字 ❷

上と同じ漢字になるように、下の○に正しい向きで漢字を書きましょう。

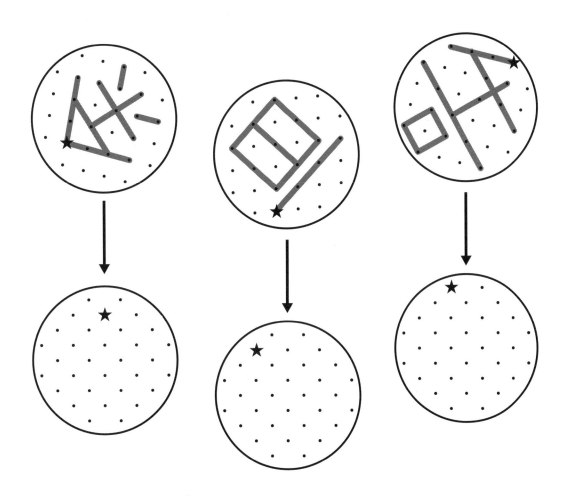

年　　組

くるくる漢字 ❸

上と同じ漢字になるように、下の○に正しい向きで漢字を書きましょう。

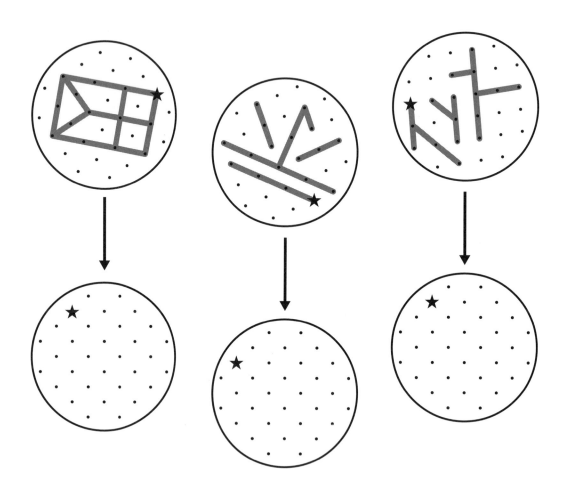

年　　組

くるくる漢字 ❹

上と同じ漢字になるように、下の○に正しい向きで漢字を書きましょう。

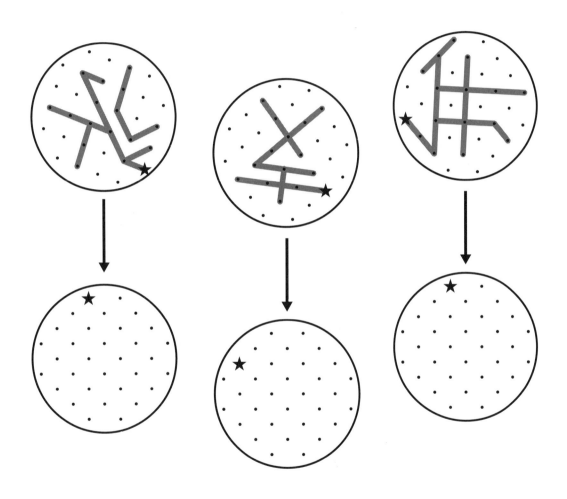

年　　　組

くるくる漢字 ❺

上と同じ漢字になるように、下の○に正しい向きで漢字を書きましょう。

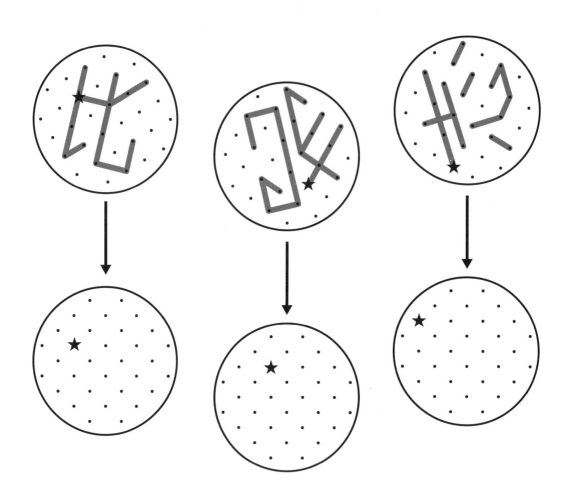

年　　組

くるくる漢字 ❻

上と同じ漢字になるように、下の○に正しい向きで漢字を書きましょう。

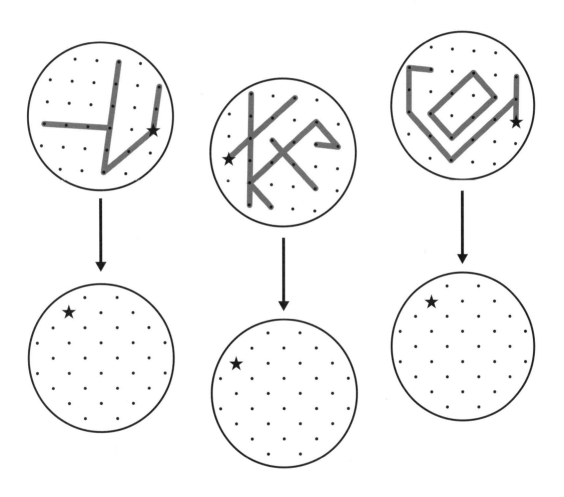

年　　組

くるくる漢字　7

上と同じ漢字になるように、下の○に正しい向きで漢字を書きましょう。

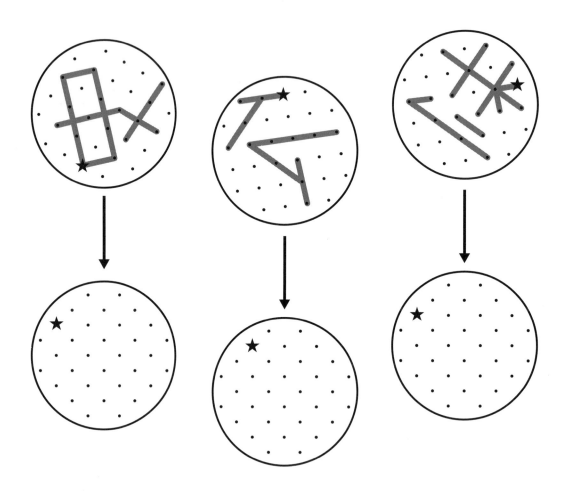

年　　組

くるくる漢字 ❽

上と同じ漢字になるように、下の○に正しい向きで漢字を書きましょう。

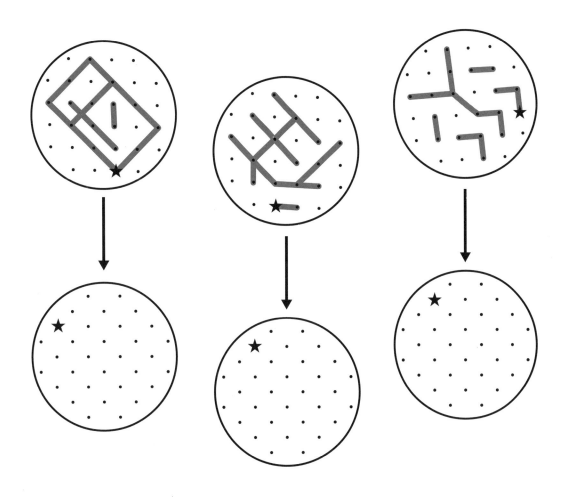

❸ 写す
鏡・水面漢字

●子どもにつけて欲しい力
　漢字を鏡像や水面像に置き換え、位置関係を理解する力、想像しながら正確に写す力を養います。

●進め方
　鏡と水面に何かの漢字が映っているので、それを想像して正しい漢字を空欄に書き直します。

●ポイント
・何の漢字か分かれば、それを正しく枠に書くだけですので比較的容易ですが、できるだけ鏡像、水面像と同じようになるよう書いてもらいましょう。
・もし漢字が分からない場合は実際に鏡を使って何の漢字か理解してもらいましょう。

●留意点
・もしこの課題が簡単に感じるようであれば「とめ」「はらい」などの位置も正確に写すことにもチャレンジしてみましょう。

取り組み時間：5分　　回数　8回分

例

鏡・水面漢字　❶

鏡や水面に写った漢字を、正しく書きましょう。

❸ 写す　95

年　　組

鏡・水面漢字　①

鏡や水面に写った漢字を、正しく書きましょう。

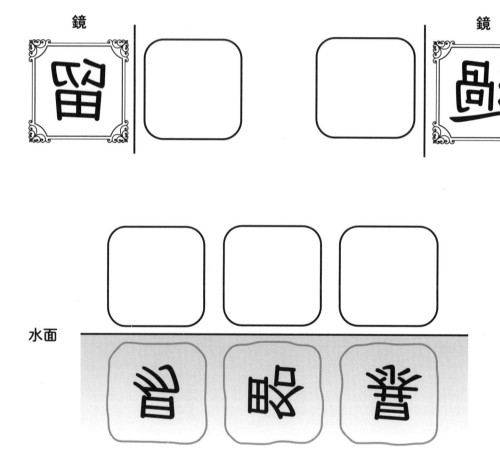

鏡・水面漢字 ❷

鏡や水面に写った漢字を、正しく書きましょう。

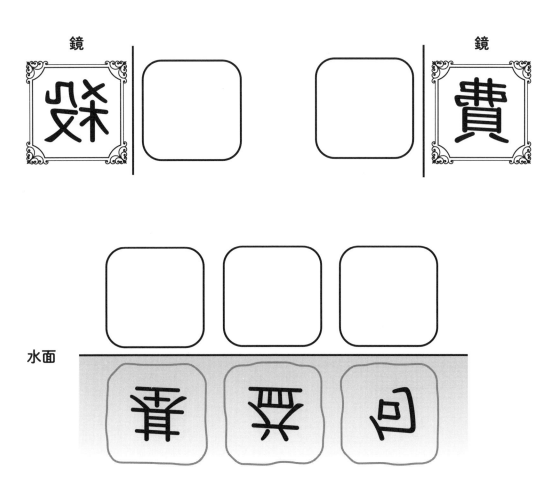

年　　組

鏡・水面漢字　❸

鏡や水面に写った漢字を、正しく書きましょう。

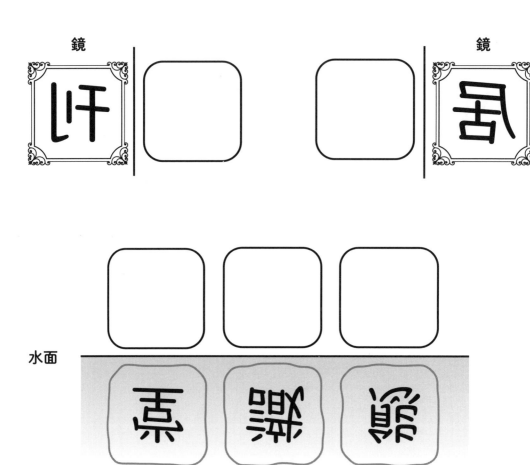

年　　組

鏡・水面漢字　❹

鏡や水面に写った漢字を、正しく書きましょう。

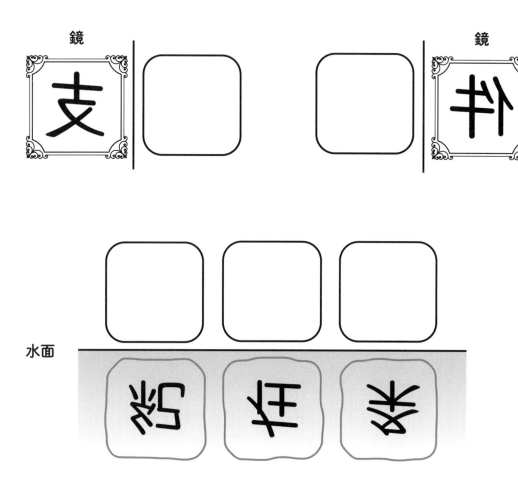

年　　組

鏡・水面漢字　❺

鏡や水面に写った漢字を、正しく書きましょう。

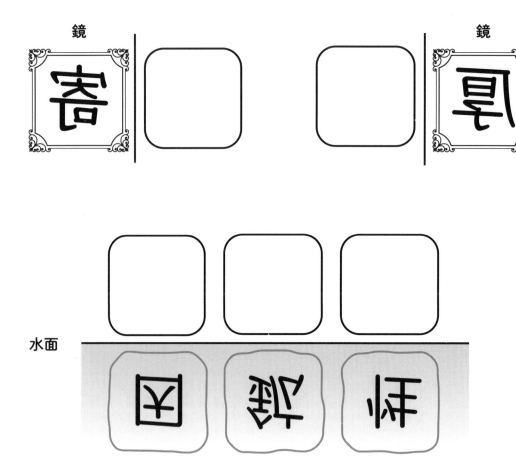

年　　組

鏡・水面漢字　❻

鏡や水面に写った漢字を、正しく書きましょう。

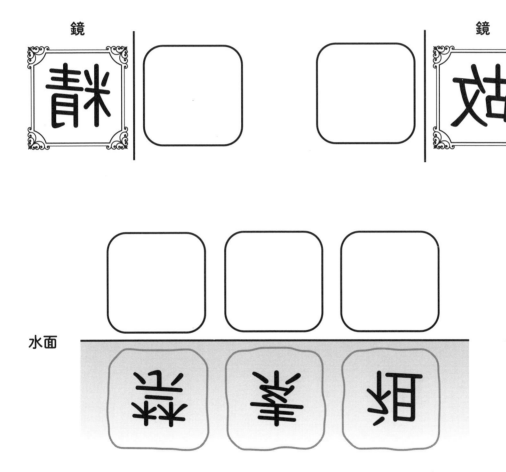

年　　組

鏡・水面漢字　❼

鏡や水面に写った漢字を、正しく書きましょう。

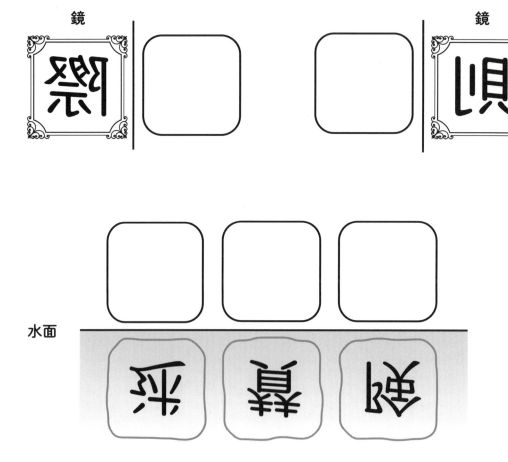

鏡・水面漢字 ❽

鏡や水面に写った漢字を、正しく書きましょう。

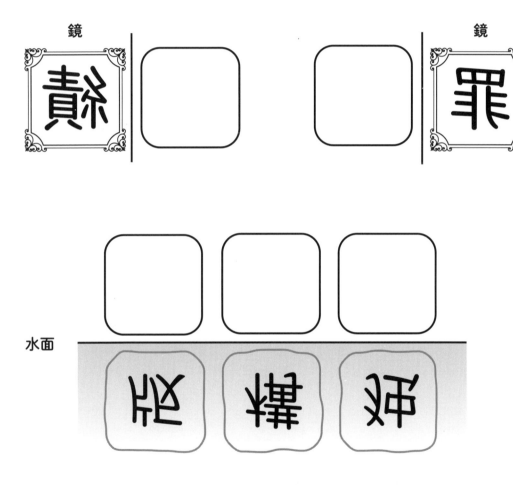

❹見つける

❹ 見つける
漢字さがし

●**子どもにつけて欲しい力**

　不規則に並んだ点群の中からある特定の形を見つけることで形の輪郭を認識できる力を養います。

●**進め方**

　上に示された漢字の輪郭をかたどった点配列を下の点群の中から探し、線で結びます。

●**ポイント**

　・対象となる配列の個数が問題に書いてありますので、すべて見つかるまで探してもらいましょう。

　・わかりにくければ最初の一つを線で結んで見本を見せてあげましょう。

●**留意点**

　・ターゲットの漢字がほとんど見つけられず、この課題が難しいようであれば黒板を写したりすることも困難であることが推測されます。もっとやさしい課題から取り組ませましょう。(「やさしいコグトレ」(三輪書店) 形さがしなど)。

取り組み時間：5分　　回数　8回分

例

漢字さがし ①

下の点の中に「 ˙˙˙ 」が10こあります。見つけて「可」のように線で結びましょう。

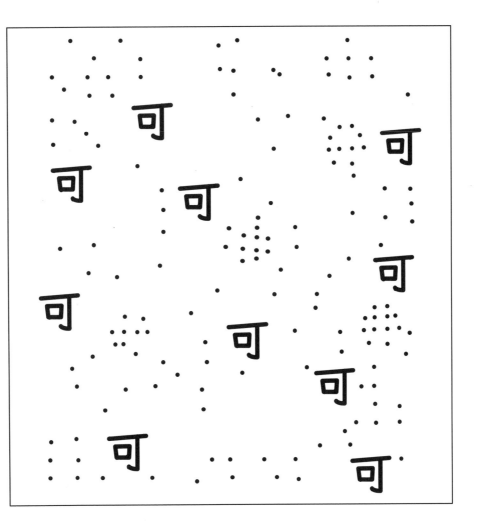

❹　見つける　107

年　　　組

漢字さがし　❶

下の点の中に「∴」が10こあります。見つけて「可」のように線で結びましょう。

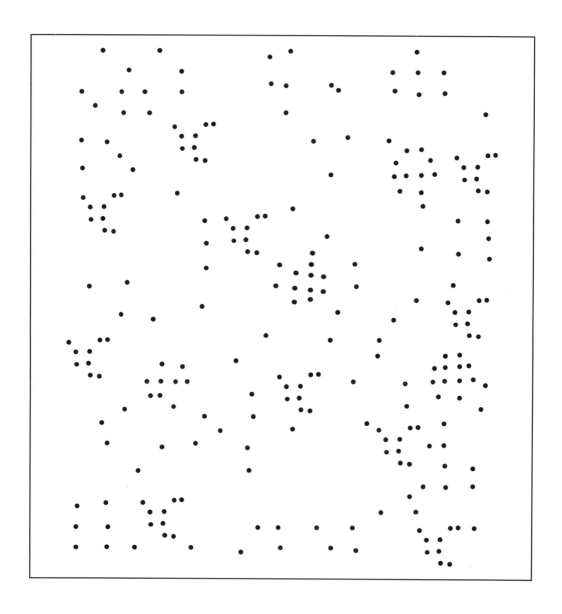

年　　組

漢字さがし ❷

下の点の中に「⠋」が 10 こあります。見つけて「大」のように線で結びましょう。

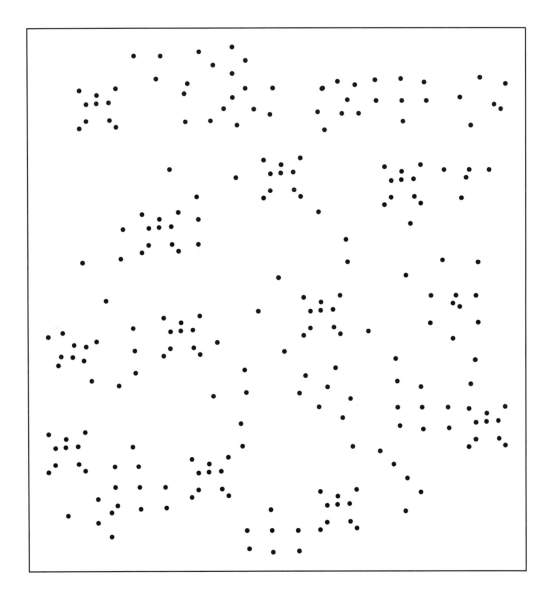

年　　組

漢字さがし ❸

下の点の中に「∴∵」が10こあります。見つけて「圧」のように線で結びましょう。

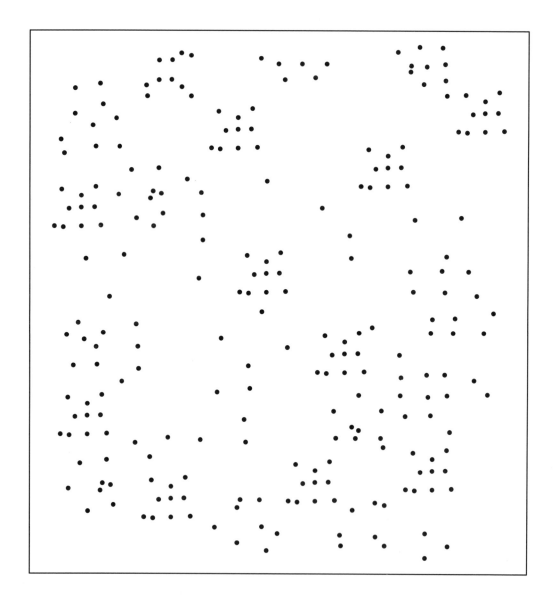

年　　　　組

漢字さがし ④

下の点の中に「∴∴」が 10 こあります。見つけて「土」のように線で結びましょう。

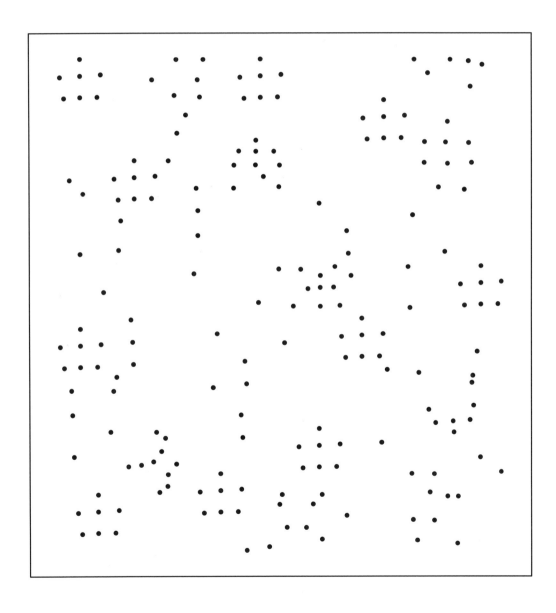

年　　組

漢字さがし ❺

下の点の中に「⋰」が 10 こあります。見つけて「仏」のように線で結びましょう。

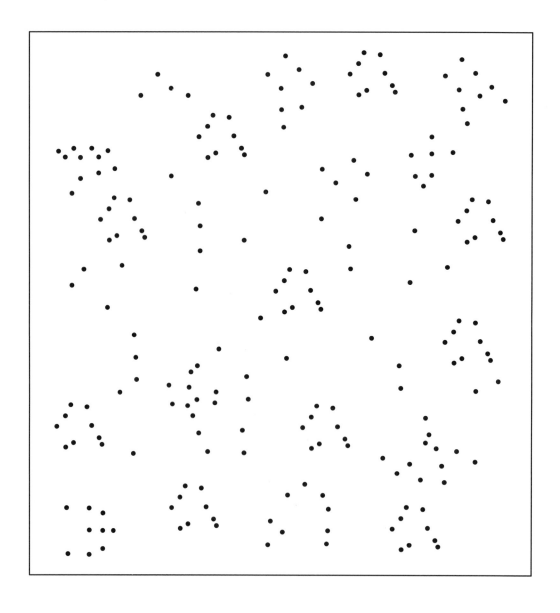

年　　　組

漢字さがし ６

下の点の中に「∴∵」が 10 こあります。見つけて「布」のように線で結びましょう。

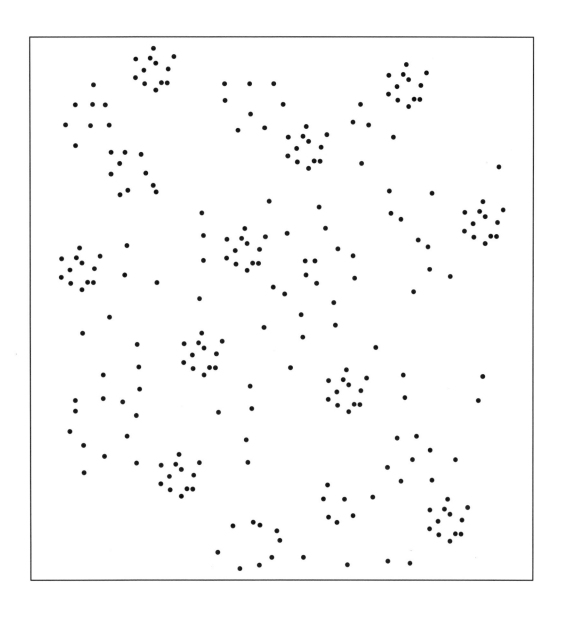

年　　組

漢字さがし　❼

下の点の中に「𛀁」が 10 こあります。見つけて「弁」のように線で結びましょう。

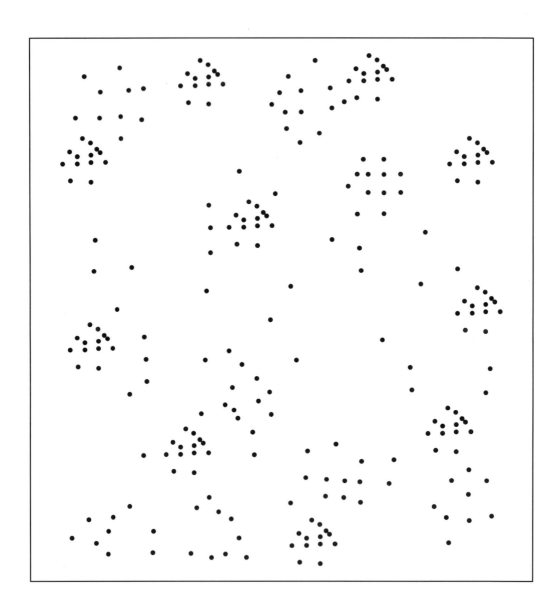

年　　　組

漢字さがし ❽

下の点の中に「⋮⋮」が 10 こあります。見つけて「示」のように線で結びましょう。

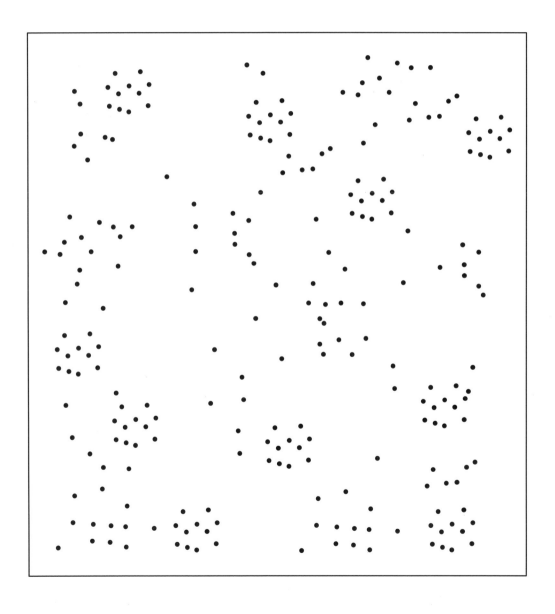

❹ 見つける

かさなり漢字

●子どもにつけて欲しい力

あるまとまった形の中から一部の形を抽出していくことで、形の構成を理解する力など図形思考を養います。

●進め方

左に提示された漢字を作るのに使われない部品を右の6つの中から一つ選び、〇で囲みます。

●ポイント

・この問題に答えるには、右の部品が左の漢字のどこに隠れているかを探していく方法、右の部品をどのように組み立てて左の漢字を作っていくかを考える方法などがありますが、最初は、右の部品が左の漢字のどこに隠れているかを考えてもらいましょう。分かりにくければ左の漢字の中で対応する部品を一つずつ赤鉛筆でなぞってもらってもいいでしょう。

●留意点

・見つけ方は発達の度合いによって、①全体から部品を見つけていく、②部品から全体を作っていく、③全体を見てどうしてこの部品が必要なのか不要なのかを考える、といった順に高度になっていきます。子どもがどの発達段階なのかを知り、慣れてくればより高度な方法で見つけるよう促していきましょう。

・この課題が難しければ、もっとやさしい課題から取り組みましょう。(「やさしいコグトレ」(三輪書店)形さがし、点つなぎなど)。

116

取り組み時間：5分　　**回数**　8回分

例

かさなり漢字　❶

左の漢字を作るのに、右の中で1つだけ使わないものを選んだら◯で
囲みましょう。

過

务

❹　見つける　117

かさなり漢字　❶

左の漢字を作るのに、右の中で１つだけ使わないものを選んだら ◯ で
囲みましょう。

過

辶　口　冖　冂　同

務

力　⺅　マ　龴　夂

年　組

潔

シ 刀 王
八 主 糸

統

幺 マ ム
儿 亠 小

永

刀 乀
コ フ 丿

かさなり漢字 ❷

左の漢字を作るのに、右の中で1つだけ使わないものを選んだら ◯ で
囲みましょう。

衛

年　ー
口　キ
イ　五
　　丁

酸

π　口
ム　夕
ハ　日

年　組

 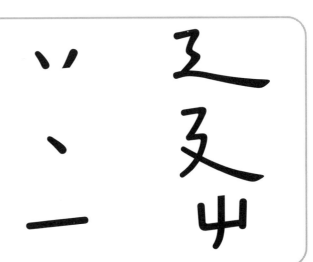

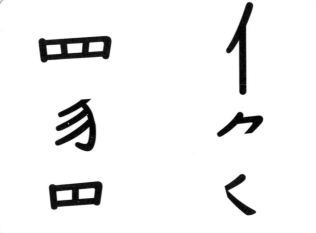

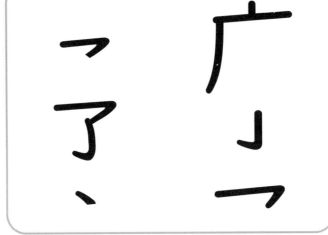

かさなり漢字 ③

左の漢字を作るのに、右の中で1つだけ使わないものを選んだら◯で囲みましょう。

領

百 マ ハ
目 个 テ

減

シ 口 コ
厂 戈 、

年　組

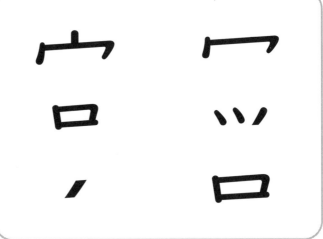

かさなり漢字 **④**

左の漢字を作るのに、右の中で1つだけ使わないものを選んだら◯で囲みましょう。

織

立	辶
糸	日
立	

幹

十	十
古	厶
日	十

年　組

飼	一 良 門 丁 人 口
演	日 冫 八 由 丁 宀
境	一 日 乚 立 丿 土

かさなり漢字 ⑤

左の漢字を作るのに、右の中で1つだけ使わないものを選んだら◯で囲みましょう。

慣

目
ー
ハ

毌
田
八

導

白
自
並

寸
又
、

年　組

確	口　ﾉ 隹　石 宀　丁
勢	八　力 坴　土 丸　九
護	卝　二 言　又 隹　フ

かさなり漢字 ⑥

左の漢字を作るのに、右の中で1つだけ使わないものを選んだら ◯ で
囲みましょう。

授

宀
一
扌
丷
才
又

総

八
糸
八
丶
心
厶

年　　組

属	ノ 山 厶 冂 ユ
額	夕 宀 日 客 貝
墓	巾 艹 曰 八 一 土

かさなり漢字 ⑦

左の漢字を作るのに、右の中で1つだけ使わないものを選んだら◯で
囲みましょう。

際

	小
一	示
夕	了
又	

築

土	⺮
凡	⺮
工	木

年　　組

厚　一ノア厂厂厂厚

製　ノヒヒ牛朱朱制製

版　ノ丿片片屶版

かさなり漢字　⑧

左の漢字を作るのに、右の中で１つだけ使わないものを選んだら◯で
囲みましょう。

停

口
二
丁

ノ
宀
イ

燃

人
夕
灬

ツ
ヽ
犬

年　組

制

ノ 一 市
二 刀 刂

態

ヒ 月 灬
ヒ ム 心

解

ノ キ 刀
午 用 ク

❹ 見つける

違いはどこ？

●子どもにつけて欲しい力

　２枚の絵の違いを考えることで、視覚情報の共通点や相違点を把握する力や観察力を養います。

●進め方

　上下の絵で違うところを３つ見つけ、〇で囲みます。

●ポイント

・違いは漢字だけではありませんが、まずは上下で漢字が同じかを確認してもらいましょう。
・形の違いだけでなく位置関係の違いなどにも注意してもらいましょう。

●留意点

・この課題が難しければ、次の「同じ絵はどれ？」はより難しくなりますので、この課題が確実にできるまで練習しましょう。
・時間内にできない子どもがいても終わりの会までに見つけるなど、能力に応じて答えを伝えるよう配慮してあげましょう。

取り組み時間：5分　　回数　4回分

例

ちがいはどこ？ ①

上と下の絵で、ちがう所が3つあります。ちがいは漢字だけではありません。ちがう場所を見つけたら、○で囲みましょう。

❹ 見つける　135

年　　　組

ちがいはどこ？　❶

上と下の絵で、ちがう所が3つあります。ちがいは漢字だけではありません。ちがう場所を見つけたら、○で囲みましょう。

年　　組

ちがいはどこ？　❷

上と下の絵で、ちがう所が３つあります。ちがいは漢字だけではありません。ちがう場所を見つけたら、○で囲みましょう。

年　　　組

ちがいはどこ？　❸

上と下の絵で、ちがう所が３つあります。ちがいは漢字だけではありません。ちがう場所を見つけたら、○で囲(かこ)みましょう。

ちがいはどこ？ ❹

上と下の絵で、ちがう所が３つあります。ちがいは漢字だけではありません。ちがう場所を見つけたら、○で囲みましょう。

❹　見つける

同じ絵はどれ？

●**子どもにつけて欲しい力**

　複数の絵の中から２枚の同じ絵を見つけ出すことで、視覚情報の共通点や相違点を把握する力や観察力を養います。

●**進め方**

　複数の絵の中にまったく同じ絵が２枚あります。その２枚を見つけ、（　　　）に番号を書いてもらいます。

●**ポイント**

・違いは漢字だけではないので絵全体を見てみましょう。

・ある２枚の絵を比べ、その中で一つの違いを見つけると、少なくともどちらかの絵が間違っていることになります。さらに、それぞれの２枚が他の絵と違いはないかという具合に順に比べていくといいでしょう。

・他の絵との違いを○で囲んでいくと、候補を減らすことができ、より容易になります。

・明らかに違う絵（例えば右の例では、③の「偏」の漢字）を見つけ、○をつけて、見つける対象となる絵をいかに減らしていくかが大切です。

●**留意点**

・最初から２枚をやみくもに見つけようとすると、混乱して時間もかかります。効率よく探すにはどうすればいいか、方略を考えさせるといいでしょう。

・時間内にできない子どもがいても終わりの会までに見つけるなど、能力に応じて答えを伝えるよう配慮してあげましょう。

取り組み時間：5分　　回数　4回分

例

同じ絵はどれ？ ❶

下の8まいの絵の中から、同じ絵を2まい選びましょう。ちがいは漢字だけではありません。

同じ絵は　　と　

❹ 見つける　　141

同じ絵はどれ？ ❶

下の8まいの絵の中から、同じ絵を2まい選びましょう。ちがいは漢字だけではありません。

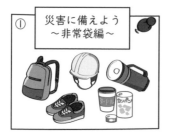

同じ絵は [　　] と [　　]

年　　　組

同じ絵はどれ？　❷

下の 8 まいの絵の中から、同じ絵を 2 まい選びましょう。ちがいは漢字だけではありません。

①眼科で規力検査

②限科で視力検査

③眼科で視力検査

④眼科で祖力検査

⑤眼科で視力検査

⑥眼科で視力検査

⑦眼科で視力検支

⑧眼科で視力険査

同じ絵は [　　] と [　　]

同じ絵はどれ？ ❸

下の8まいの絵の中から、同じ絵を2まい選びましょう。ちがいは漢字だけではありません。

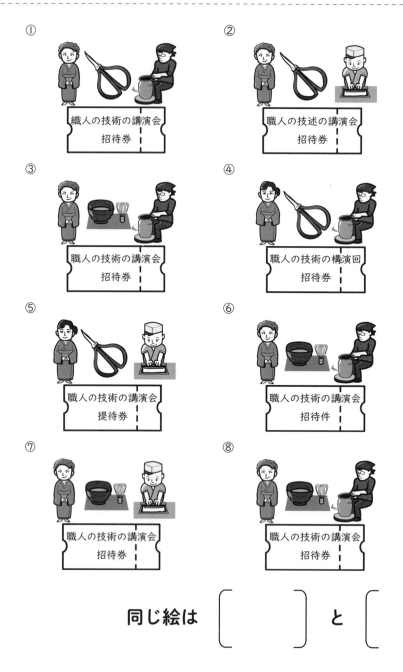

同じ絵は 〔　　　〕 と 〔　　　〕

同じ絵はどれ？ ④

下の8まいの絵の中から、同じ絵を2まい選びましょう。ちがいは漢字だけではありません。

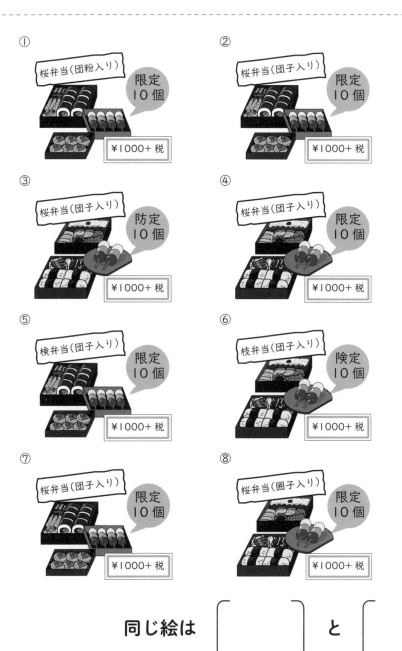

同じ絵は 〔　　〕 と 〔　　〕

❹ 見つける

回転漢字

●子どもにつけて欲しい力

　形を心の中で回転させ、正しい組み合わせを見つけていくことで図形の方向弁別や方向の類同視の力を養っていきます。

●進め方

　左右にバラバラに並べられた漢字の部品を線でつないで正しい漢字を作り、下の枠の中に書きます。

●ポイント

・先に易しい組み合わせを見つけて、使ったものに×をつけて消していくと組み合わせが減りますのでより簡単に見つけやすくなります。（1組見つけると残りの組み合わせは24通り、2組見つけると残りの組み合わせは6通りになります）

●留意点

・この課題が難しく感じるようであれば支援者が部品だけ正しい方向に回転させて横に書いてあげ正しい組み合わせを選んでもらってもいいでしょう。

・漢字を習っていない場合は、最初から枠の中に正しい漢字を書いておき、それらの漢字を作るための正しい組み合わせを選んで線でつなぐところから始めてもいいでしょう。

・それでも難しければもっとやさしい課題から取り組ませましょう。（「コグトレ　みる・きく・想像するための認知機能強化トレーニング」（三輪書店）回転パズル①など）。

取り組み時間：5分　　回数　8回分

例

回転漢字　❶

左右をつなげると、1つの漢字ができあがります。線で結んだら、できた漢字を下に書きましょう。

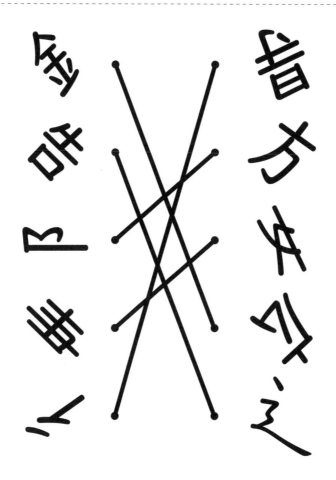

鉱　造　防　妻　得

❹ 見つける

回転漢字 ①

左右をつなげると、1つの漢字ができあがります。線で結んだら、できた漢字を下に書きましょう。

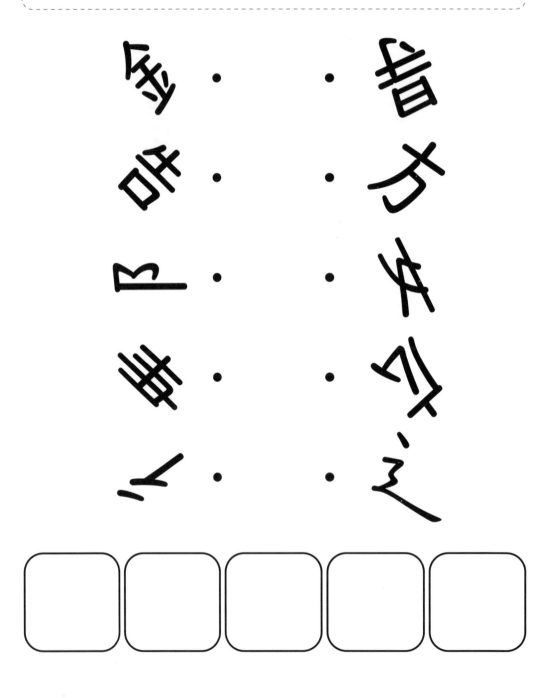

回転漢字 ❷

左右をつなげると、1つの漢字ができあがります。線で結んだら、できた漢字を下に書きましょう。

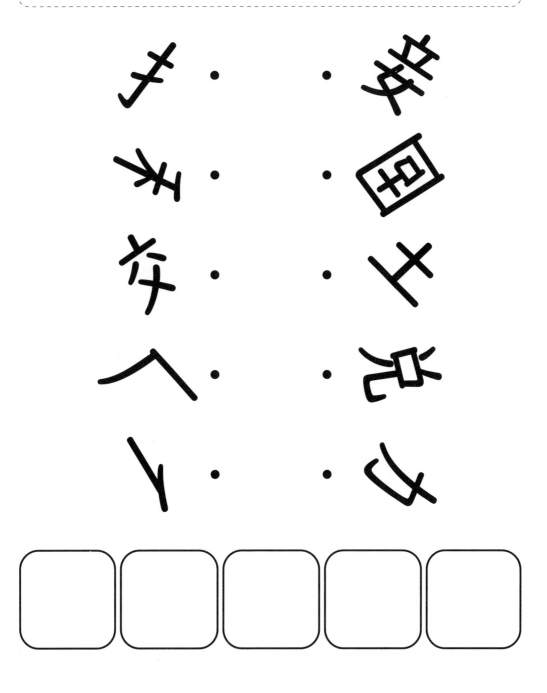

年　　組

回転漢字　❸

左右をつなげると、1つの漢字ができあがります。線で結んだら、できた漢字を下に書きましょう。

年　　　組

回転漢字　❹

左右をつなげると、1つの漢字ができあがります。線で結んだら、できた漢字を下に書きましょう。

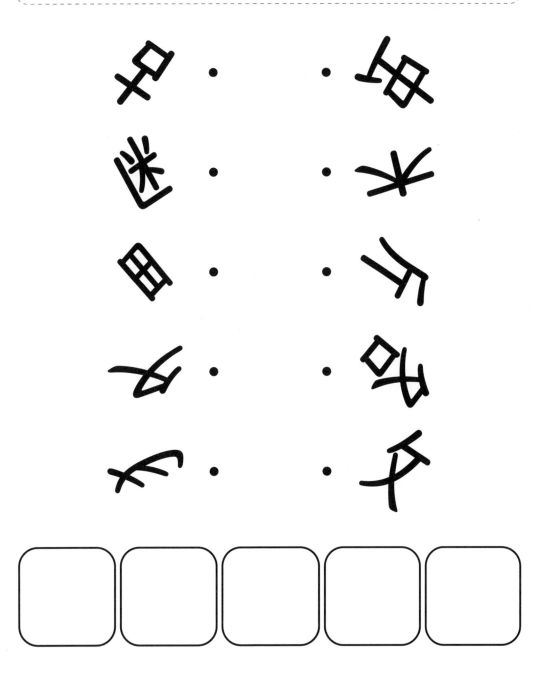

年　　組

回転漢字　⑤

左右をつなげると、1つの漢字ができあがります。線で結んだら、できた漢字を下に書きましょう。

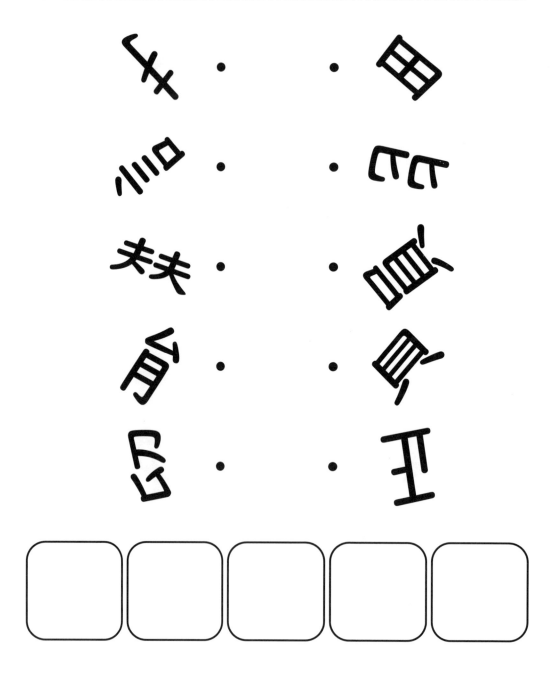

年　　組

回転漢字 ❻

左右をつなげると、1つの漢字ができあがります。線で結んだら、できた漢字を下に書きましょう。

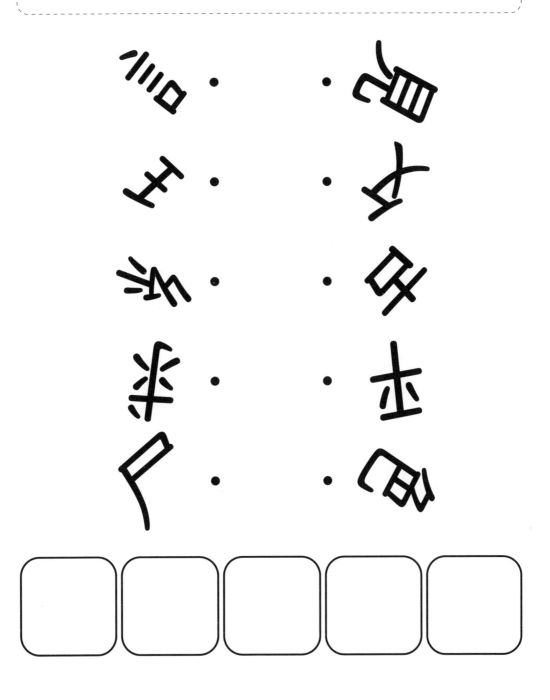

年　　組

回転漢字　❼

左右をつなげると、1つの漢字ができあがります。線で結んだら、できた漢字を下に書きましょう。

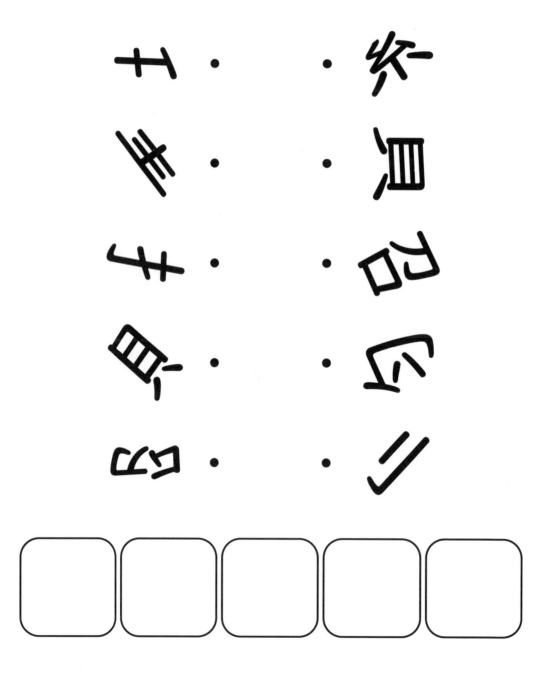

回転漢字 ⑧

左右をつなげると、1つの漢字ができあがります。線で結んだら、できた漢字を下に書きましょう。

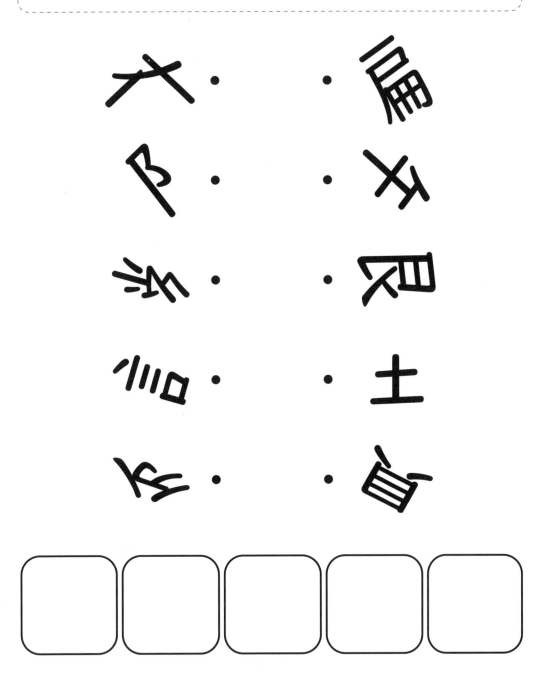

❺想像する

❺ 想像する

スタンプ漢字

●子どもにつけて欲しい力

スタンプを押すとどうなるかを考えることで鏡像をイメージする力や論理性を養います。

●進め方

上のスタンプを押すと、下のうちどれになるかを想像して（　　　）に正しい番号を書きます。

●ポイント

・スタンプは元の図の鏡像になりますので、分からなければ上のスタンプの横に実際に鏡を置いて確認させましょう。

・下の選択肢の中から明らかに違うと思われる漢字に×をつけて消していくと考えやすくなります。

●留意点

・スタンプから直接、何の漢字かが分かれば鏡像をイメージしなくても正しい答えを選べますが、複雑になってくると難しくなりますのでできるだけ形から考えるよう促しましょう。

・まだスタンプの漢字を習っていなければ難しく感じるかもしれません。もしこの課題が難しようであれば、もっとやさしい課題から取り組ませましょう。（「やさしいコグトレ」（三輪書店）スタンプなど）。

| 取り組み時間：5分 | 回数 8回分 |

例

スタンプ漢字 ❶

上のスタンプを紙におすと出てくる漢字はどれか、選んで（　）に番号を書きましょう。

(9)

(5)

(1)

① 険　② 責　③ 検
④ 識　⑤ 責　⑥ 織
⑦ 剣　⑧ 青　⑨ 識

❺ 想像する

年　　組

スタンプ漢字　❶

上のスタンプを紙におすと出てくる漢字はどれか、選んで（　）に番号を書きましょう。

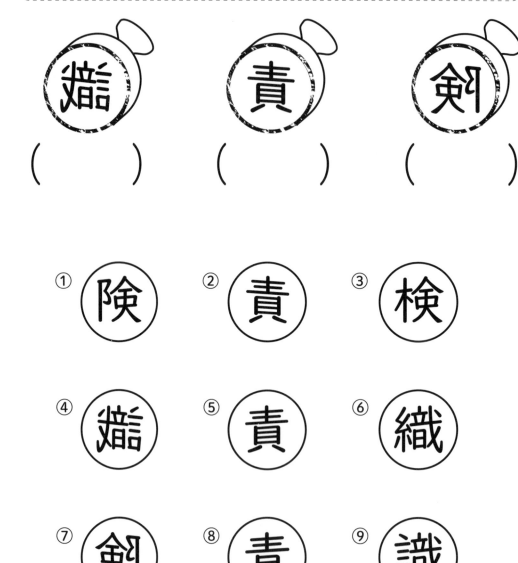

年　　　組

スタンプ漢字 ❷

上のスタンプを紙におすと出てくる漢字はどれか、選んで（　）に番号を書きましょう。

年　　組

スタンプ漢字 ❸

上のスタンプを紙におすと出てくる漢字はどれか、選んで（　）に番号を書きましょう。

（　）　　（　）　　（　）

① 非　② 張　③ 資
④ 象　⑤ 賀　⑥ 衰
⑦ 帳　⑧ 質　⑨ 像

年　　　組

スタンプ漢字 ❹

上のスタンプを紙におすと出てくる漢字はどれか、選んで（　）に番号を書きましょう。

（　）　　（　）　　（　）

① 応　② 設　③ 応
④ 説　⑤ 広　⑥ 設
⑦ 祖　⑧ 説　⑨ 租

年　　　組

スタンプ漢字　❺

上のスタンプを紙におすと出てくる漢字はどれか、選んで（　　）に番号を書きましょう。

① 経　② 経（mirrored）　③ 常

④ 常（mirrored）　⑤ 歩（mirrored）　⑥ 術

⑦ 述　⑧ 径　⑨ 堂

スタンプ漢字 ❻

上のスタンプを紙におすと出てくる漢字はどれか、選んで（　）に番号を書きましょう。

① 囲　② 刊　③ 司
④ 可　⑤ 刊　⑥ 因
⑦ 可　⑧ 囲　⑨ 利

年　　組

スタンプ漢字　❼

上のスタンプを紙におすと出てくる漢字はどれか、選んで（　）に番号を書きましょう。

スタンプ漢字 ❽

上のスタンプを紙におすと出てくる漢字はどれか、選んで（　）に番号を書きましょう。

❺ 想像する

心で回転

●子どもにつけて欲しい力

対象物を違った方向から見たらどう見えるかを想像することで心的回転の力や相手の立場になって考える力を養います。

●進め方

上段の動物たちとあなたに囲まれた机の上に置かれた漢字は、周りの動物から見たらどう見えるかを想像して正しい組み合わせを考え線でつなぎます。

●ポイント

・子どもが問題の意図をイメージできなければ、実際に紙に漢字を書いて机に置き、動物と同じ位置に動いてもらって確かめさせるといいでしょう。

・選択肢の漢字を回転させても正しい漢字にならないものもありますので、そこから明らかに違うものを除外できます。

●留意点

・回転する角度（サルやトリは 90 度でネコは 180 度）が高いほど難易度は高くなりますので、正面のネコよりもサルやトリからイメージした方がわかりやすいでしょう。

・この課題が難しければ、もっとやさしい課題から取り組ませましょう。（「コグトレ　みる・きく・想像するための認知機能強化トレーニング」（三輪書店）こころで回転①など）。

取り組み時間：5分　　回数　8回分

例

心で回転 ①

あなたの前に、漢字のカードがあります。サルさん、トリさん、ネコさんからカードはどう見えるでしょうか？　線でつなぎましょう。

❺　想像する

年　　　組

心で回転　❶

あなたの前に、漢字のカードがあります。サルさん、トリさん、ネコさんからカードはどう見えるでしょうか？　線でつなぎましょう。

年　　　組

心で回転 ❷

あなたの前に、漢字のカードがあります。サルさん、トリさん、ネコさんからカードはどう見えるでしょうか？　線でつなぎましょう。

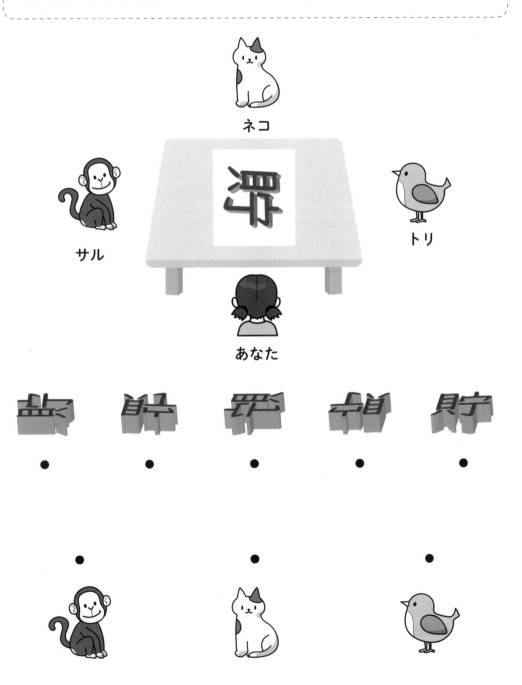

年　　　組

心で回転 ③

あなたの前に、漢字のカードがあります。サルさん、トリさん、ネコさんからカードはどう見えるでしょうか？　線でつなぎましょう。

年　　　組

心で回転 ❹

あなたの前に、漢字のカードがあります。サルさん、トリさん、ネコさんからカードはどう見えるでしょうか？　線でつなぎましょう。

年　　　組

心で回転 ⑤

あなたの前に、漢字のカードがあります。サルさん、トリさん、ネコさんからカードはどう見えるでしょうか？　線でつなぎましょう。

年　　　組

心で回転 ❻

あなたの前に、漢字のカードがあります。サルさん、トリさん、ネコさんからカードはどう見えるでしょうか？　線でつなぎましょう。

心で回転 ７

あなたの前に、漢字のカードがあります。サルさん、トリさん、ネコさんからカードはどう見えるでしょうか？　線でつなぎましょう。

年　　　組

心で回転 ⑧

あなたの前に、漢字のカードがあります。サルさん、トリさん、ネコさんからカードはどう見えるでしょうか？　線でつなぎましょう。

❺ 想像する

順位決定戦

●子どもにつけて欲しい力

複数の関係性を比較し理解する力を養います。

●進め方

複数の表彰台の順位から熟語の総合順位を考え、答えを漢字に直して書いていきます。

●ポイント

・まず全体で一番のものを見つけましょう。その次は二番になるもの、その次は三番……と順に探していくと見つけやすくなります。

・いきなり順位を漢字で書くのが難しければ先に平仮名を漢字に直して横に書くか、下の順位の横に平仮名を書いてから正解を（　　　）に書いてもらいましょう。

●留意点

・熟語が書けることも大切ですが、ここでは順位を考えることが目的ですので、なぜそうなるのか理解できることを重視しましょう。

・漢字が分からなくても順番が分かれば（　　）には平仮名を書いてもらってこの課題の理解度を判断しましょう。

・この課題が難しければ、もっとやさしい課題から取り組ませましょう。（「コグトレ　みる・きく・想像するための認知機能強化トレーニング」（三輪書店）順位決定戦①など）。

取り組み時間：5分　　回数　8回分

例

順位決定戦　❶

じゅく語さんたちは、かけっこが速い順に表しょう台にならんでいます。下の（　）の順番通りに、じゅく語さんたちの名前を漢字で書きましょう。

かけっこが速い順

1位〔　演技　〕さん　　4位〔　報道　〕さん

2位〔　日程　〕さん　　5位〔　貯金　〕さん

3位〔　禁止　〕さん

❺ 想像する　　179

年　　　組

順位決定戦 ①

じゅく語さんたちは、かけっこが速い順に表しょう台にならんでいます。
下の（　）の順番通りに、じゅく語さんたちの名前を漢字で書きましょう。

かけっこが速い順

1位 [　　　　　]さん　　4位 [　　　　　]さん

2位 [　　　　　]さん　　5位 [　　　　　]さん

3位 [　　　　　]さん

年　　組

順位決定戦　❷

じゅく語さんたちは、かけっこが速い順に表しょう台にならんでいます。下の（　）の順番通りに、じゅく語さんたちの名前を漢字で書きましょう。

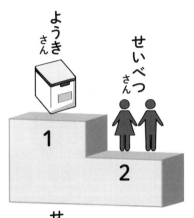

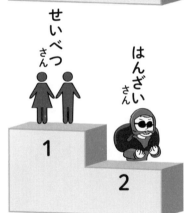

かけっこが速い順

1位 [　　　　　]さん　　4位 [　　　　　]さん

2位 [　　　　　]さん　　5位 [　　　　　]さん

3位 [　　　　　]さん

年　　組

順位決定戦 ③

じゅく語さんたちは、かけっこが速い順に表しょう台にならんでいます。
下の（　）の順番通りに、じゅく語さんたちの名前を漢字で書きましょう。

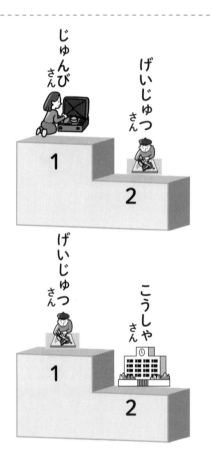

かけっこが速い順

1位 [　　　　　] さん　　4位 [　　　　　] さん

2位 [　　　　　] さん　　5位 [　　　　　] さん

3位 [　　　　　] さん

年　　　組

順位決定戦 ❹

じゅく語さんたちは、かけっこが速い順に表しょう台にならんでいます。
下の（　）の順番通りに、じゅく語さんたちの名前を漢字で書きましょう。

かけっこが速い順

1位 [　　　　　]さん　　4位 [　　　　　]さん

2位 [　　　　　]さん　　5位 [　　　　　]さん

3位 [　　　　　]さん

年　　組

順位決定戦　❺

じゅく語さんたちは、かけっこが速い順に表しょう台にならんでいます。下の（　）の順番通りに、じゅく語さんたちの名前を漢字で書きましょう。

かけっこが速い順

1位［　　　　　　］さん　　4位［　　　　　　］さん

2位［　　　　　　］さん　　5位［　　　　　　］さん

3位［　　　　　　］さん　　6位［　　　　　　］さん

年　　組

順位決定戦　❻

じゅく語さんたちは、かけっこが速い順に表しょう台にならんでいます。下の（ ）の順番通りに、じゅく語さんたちの名前を漢字で書きましょう。

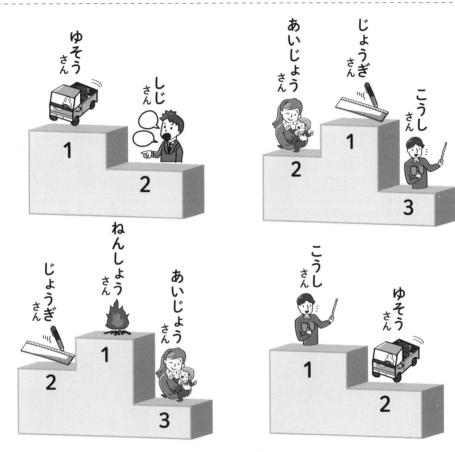

かけっこが速い順

1位 [　　　　　]さん　　4位 [　　　　　]さん

2位 [　　　　　]さん　　5位 [　　　　　]さん

3位 [　　　　　]さん　　6位 [　　　　　]さん

年　　組

順位決定戦　❼

じゅく語さんたちは、かけっこが速い順に表しょう台にならんでいます。
下の（　）の順番通りに、じゅく語さんたちの名前を漢字で書きましょう。

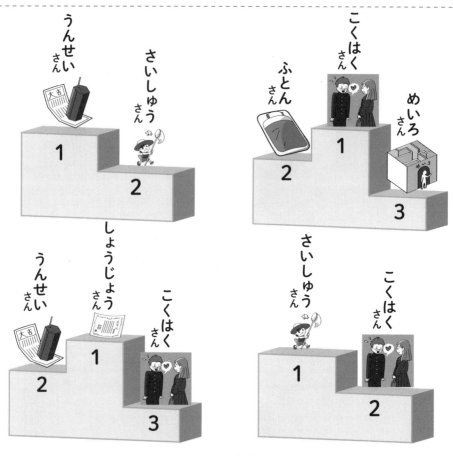

かけっこが速い順

1位 [　　　　　] さん　　4位 [　　　　　] さん

2位 [　　　　　] さん　　5位 [　　　　　] さん

3位 [　　　　　] さん　　6位 [　　　　　] さん

年　　　組

順位決定戦　❽

じゅく語さんたちは、かけっこが速い順に表しょう台にならんでいます。下の（　）の順番通りに、じゅく語さんたちの名前を漢字で書きましょう。

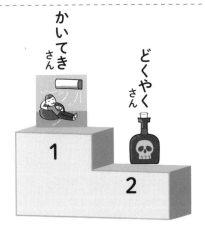

かけっこが速い順

1位 [　　　　　]さん　　4位 [　　　　　]さん

2位 [　　　　　]さん　　5位 [　　　　　]さん

3位 [　　　　　]さん　　6位 [　　　　　]さん

❺ 想像する

物語づくり

●子どもにつけて欲しい力

　断片的な情報から全体を想像する力やストーリーを想像しながら文章を作成する力を養っていきます。

●進め方

　イラストとともに 6 つの提示された言葉を漢字に直し、その漢字を使って自由に短い物語を作ってもらいます。出来たらその物語にタイトルをつけてもらいます。

●ポイント

・平仮名だけでは迷う漢字（例えば右の例では "さいかい" ＝再会、再開など）はイラストを見て考えてもらいましょう。
・もし使う漢字が書けなければ平仮名のままで物語を作ってもらいましょう。

●留意点

・漢字がしっかり書けていることも大切ですがここでは文章を作成する力を養うことが目的ですので、文の構成がきちんと出来ているかを確認しましょう。
・この課題が難しければ、もっとやさしい課題から取り組ませましょう。（「コグトレ　みる・きく・想像するための認知機能強化トレーニング」（三輪書店）物語つくりなど）。

取り組み時間：5分　　回数　8回分

例

物語づくり　①

下に書かれた6つの言葉を漢字に直し、その漢字を使って、短い物語を作ってみましょう。題名も書きましょう。

よりみち　きゅうゆう　よろこぶ　ひさしぶり　さいかい　かんしゃ

題名　[　　　　　　寄り道　　　　　　]

寄り道すると、久しぶりに旧友に再会した。
2人ともすごく喜んだ。
運命に感謝したい。

❺ 想像する

年　　組

物語づくり ①

下に書かれた6つの言葉を漢字に直し、その漢字を使って、短い物語を作ってみましょう。題名も書きましょう。

よりみち　　きゅうゆう　　よろこぶ　　ひさしぶり　　さいかい　　かんしゃ

題名 [　　　　　　　　　　　　　　　　　　　　　　　　　]

年　　　組

物語づくり ②

下に書かれた６つの言葉を漢字に直し、その漢字を使って、短い物語を作ってみましょう。題名も書きましょう。

かせん　　さくら　　おおぜい　　べんとう　　えだ　　ゆうじょう

題名　[　　　　　　　　　　　　　　　　　　　　　]

年　　組

物語づくり ❸

下に書かれた６つの言葉を漢字に直し、その漢字を使って、短い物語を作ってみましょう。題名も書きましょう。

ふうふ　　いどう　　こんざつ　　ちょきん　　しんかんせん　　にってい

題名 [　　　　　　　　　　　　　　　　　　　　　　　　]

年　　組

物語づくり ④

下に書かれた6つの言葉を漢字に直し、その漢字を使って、短い物語を作ってみましょう。題名も書きましょう。

こうしゃ

いし

けんさ

ほけんしつ

しんたい
そくてい

ふえる

題名 [　　　　　　　　　　　　　　　　　　　　]

年　　組

物語づくり ⑤

下に書かれた6つの言葉を漢字に直し、その漢字を使って、短い物語を作ってみましょう。題名も書きましょう。

ひりょう　　ほうさく　　おおがた　　たがやす　　りえき　　ゆそう

題名 [　　　　　　　　　　　　　　　　　　　　　　　　　]

年　　　組

物語づくり ⑥

下に書かれた6つの言葉を漢字に直し、その漢字を使って、短い物語を作ってみましょう。題名も書きましょう。

こうぎ

きょうし

とく

れきし

ふくしゅう

せいせき

題名 [　　　　　　　　　　　　　　　　　　　]

年　　組

物語づくり　7

下に書かれた6つの言葉を漢字に直し、その漢字を使って、短い物語を作ってみましょう。題名も書きましょう。

しょくぎょう　　ゆめ　　こころざす　　べんごし　　きょうみ　　ごうかく

題名　[　　　　　　　　　　　　　　　　　　　　　]

年　　組

物語づくり　❽

下に書かれた6つの言葉を漢字に直し、その漢字を使って、短い物語を作ってみましょう。題名も書きましょう。

こうかい　　まよう　　だんけつ　　ぼうふうう　　ひきいる　　ざいか

題名

解答編

●数える

【漢字数え】

① 31個　② 27個
③ 24個　④ 28個
⑤ 30個　⑥ 33個
⑦ 23個　⑧ 29個
⑨ 25個　⑩ 24個
⑪ 25個　⑫ 24個

【漢字算】

① 8（弁）
11（復）（囲）（桜）
12（喜）（布）
13（現）
14（肥）

② 9（耕）（得）（貯）
11（税）
12（防）
13（墓）
14（厚）
17（貸）

③ 8（余）
11（境）（比）（製）
12（寄）（久）
14（件）
17（移）

④ 9（素）（災）
10（承）
11（採）
12（絶）（統）（再）
16（護）

⑤ 9（仮）
11（際）（効）
12（迷）（質）
13（賛）
14（永）（準）

⑥ 9（団）
11（興）（検）（断）
12（因）
13（師）
15（祖）
16（枝）

⑦ 5（設）
9（限）
11（婦）（慣）
12（綿）（輸）
14（額）
16（示）

⑧ 9（句）
11（報）（責）
13（営）（支）
15（述）
16（酸）
17（燃）

⑨ 9（脈）
10（粉）（規）
11（賞）
14（混）（幹）
16（程）（在）

⑩ 11（武）（妻）（応）
12（招）（演）
13（圧）（授）
14（罪）

198　解答編

⑪ 10 （ 則 ）（ 職 ）
11 （ 提 ）
12 （ 逆 ）（ 政 ）
13 （ 術 ）（ 停 ）
17 （ 過 ）
⑫ 11 （ 毒 ）（ 性 ）
12 （ 故 ）（ 往 ）
13 （ 夢 ）（ 似 ）
15 （ 刊 ）
16 （ 容 ）

② （ 3 ）（ 4 ）（ 6 ）
③ （ 8 ）（ 2 ）（ 4 ）
④ （ 6 ）（ 1 ）（ 7 ）
⑤ （ 3 ）（ 1 ）（ 7 ）
⑥ （ 4 ）（ 8 ）（ 2 ）
⑦ （ 2 ）（ 7 ）（ 9 ）
⑧ （ 3 ）（ 5 ）（ 6 ）

【さがし熟語】
① 永久、貿易、適応、可能
② 経過、解禁、銅像、再編
③ 防災、検査、責任、現在
④ 確証、賞状、財団、歴史
⑤ 常識、準備、複雑、復興
⑥ 損得、義務、効率、犯罪
⑦ 判断、報告、性格、保険
⑧ 構築、技術、規制、増減

【順位決定戦】
① 1 位（ 演技 ）2 位（ 日程 ）
3 位（ 禁止 ）4 位（ 報道 ）
5 位（ 貯金 ）
② 1 位（ 山脈 ）2 位（ 眼鏡 ）
3 位（ 容器 ）4 位（ 性別 ）
5 位（ 犯罪 ）
③ 1 位（ 準備 ）2 位（ 芸術 ）
3 位（ 校舎 ）4 位（ 財布 ）
5 位（ 移動 ）
④ 1 位（ 仏像 ）2 位（ 検査 ）
3 位（ 夫婦 ）4 位（ 講義 ）
5 位（ 歴史 ）
⑤ 1 位（ 価格 ）2 位（ 弁当 ）
3 位（ 武士 ）4 位（ 液体 ）
5 位（ 測定 ）6 位（ 清潔 ）
⑥ 1 位（ 燃焼 ）2 位（ 定規 ）
3 位（ 愛情 ）4 位（ 講師 ）
5 位（ 輸送 ）6 位（ 指示 ）
⑦ 1 位（ 賞状 ）2 位（ 運勢 ）
3 位（ 採集 ）4 位（ 告白 ）
5 位（ 布団 ）6 位（ 迷路 ）
⑧ 1 位（ 修理 ）2 位（ 快適 ）
3 位（ 毒薬 ）4 位（ 花粉 ）
5 位（ 飼育 ）6 位（ 混雑 ）

●見つける

【回転漢字】（順不同）
① 鉱、防、造、得、妻
② 圧、税、個、接、効
③ 提、政、資、紀、銅
④ 独、故、断、条、略
⑤ 能、証、損、賛、留
⑥ 現、居、評、絶、救
⑦ 則、招、均、貿、素
⑧ 在、許、貧、限、編

●想像する

【スタンプ漢字】
① （ 9 ）（ 5 ）（ 1 ）

解答編　199

【漢字さがし】

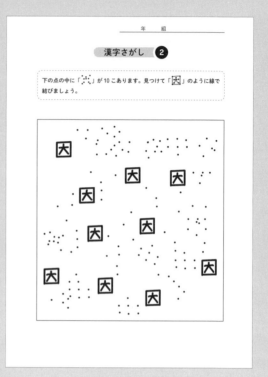

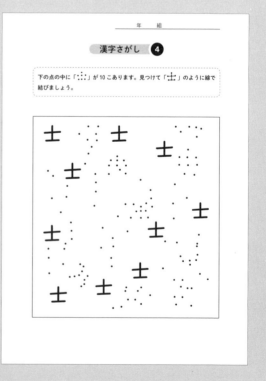

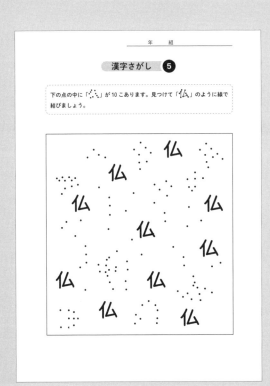
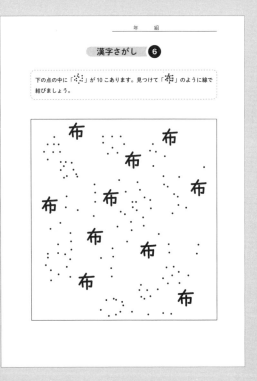
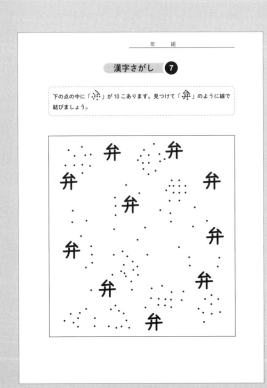
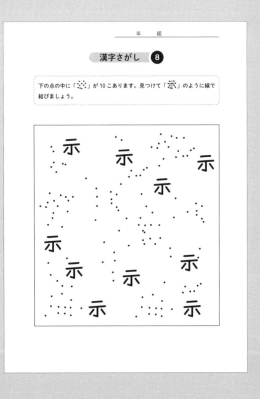

解答編

【かさなり漢字】

【かさなり漢字】

【ちがいはどこ？】

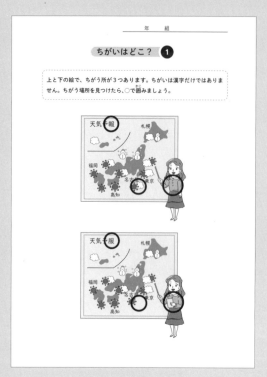

【同じ絵はどれ？】

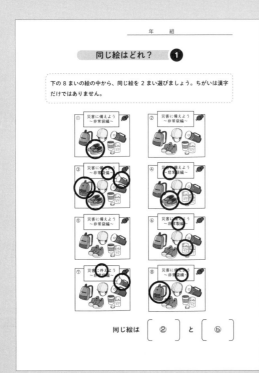

【心で回転】

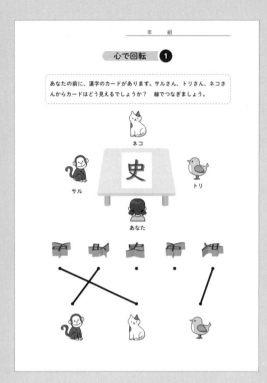
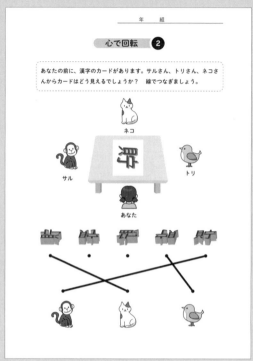
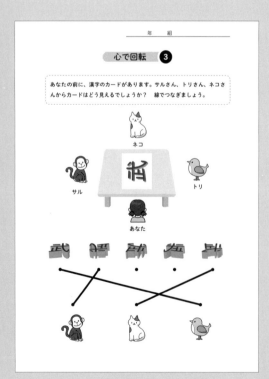
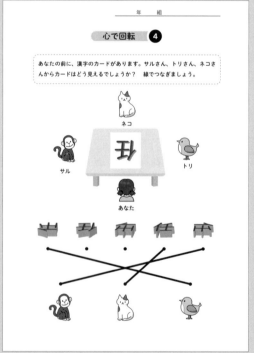

208　解答編

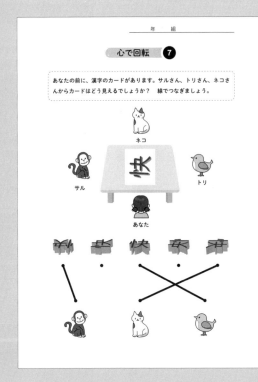
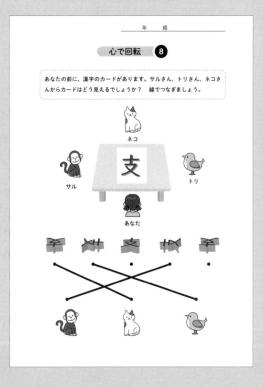

【著者略歴】
宮口　幸治

　立命館大学産業社会学部・大学院人間科学研究科教授。京都大学工学部卒業、建設コンサルタント会社勤務の後、神戸大学医学部医学科卒業。神戸大学医学部附属病院精神神経科、大阪府立精神医療センター・松心園などを勤務の後、法務省宮川医療少年院、交野女子学院医務課長を経て、2016年より現職。医学博士、子どものこころ専門医、日本精神神経学会専門医、臨床心理士、公認心理師。

　児童精神科医として、困っている子どもたちの支援を教育・医療・心理・福祉の観点で行う「コグトレ研究会」を主催し、全国で教員向けに研修を行っている。著書に、『教室の「困っている子ども」を支える7つの手がかり』『性の問題行動をもつ子どものためのワークブック』(以上、明石書店)、『不器用な子どもたちへの認知作業トレーニング』『コグトレ　みる・きく・想像するための認知機能強化トレーニング』『やさしいコグトレ　認知機能トレーニング』(以上、三輪書店)、『1日5分！教室で使えるコグトレ　困っている子どもを支援する認知トレーニング122』『もっとコグトレ　さがし算60 初級・中級・上級』『学校でできる！性の問題行動へのケア』(以上、東洋館出版社)、『ケーキの切れない非行少年たち』(新潮社)など。

【執筆協力】
近藤　礼菜　立命館大学大学院人間科学研究科

高村　希帆　立命館大学大学院人間科学研究科

1日5分！
教室で使える漢字コグトレ　小学5年生

2019（令和元）年 8 月 26 日　初版第 1 刷発行
2025（令和 7）年 4 月 4 日　初版第 10 刷発行

著　者　宮口 幸治
発行者　錦織 圭之介
発行所　株式会社 東洋館出版社
　　　　〒 101-0054　東京都千代田区神田錦町 2 丁目 9 番 1 号
　　　　　　　　　　　　　　　コンフォール安田ビル 2 階
　　　　代　表　電話 03-6778-4343 ／ FAX 03-5281-8091
　　　　営業部　電話 03-6778-7278 ／ FAX 03-5281-8092
　　　　振　替　00180-7-96823
　　　　Ｕ Ｒ Ｌ　https://www.toyokan.co.jp
装　幀　中濱　健治
本文デザイン　藤原印刷株式会社
イラスト　オセロ
印刷・製本　　藤原印刷株式会社
ISBN 978-4-491-03761-5
Printed in Japan